ELEMENTOS DA RELAÇÃO
TRIBUTÁRIA E COISA JULGADA

D186e Danilevicz, Ígor
   Elementos da relação tributária e coisa julgada / Ígor Danilevicz. — Porto Alegre: Livraria do Advogado, 1998.
   190 p.; 14x21 cm.
   ISBN 85-7348-082-3

   1. Direito Tributário: Coisa julgada. I. Título.
                CDU   336.2:347.953

   Índice para catálogo sistemático
   Direito Tributário: Coisa julgada

(Bibliotecária responsável: Marta Roberto, CRB 10/652)

Ígor Danilevicz

Elementos da
RELAÇÃO TRIBUTÁRIA
E COISA JULGADA

livraria
DO ADVOGADO
editora

Porto Alegre 1998

© Ígor Danilevicz, 1998

Capa, projeto gráfico e diagramação
Livraria do Advogado / Valmor Bortoloti

Revisão
Rosane Marques Borba

Direitos desta edição reservados por
Livraria do Advogado Ltda.
Rua Riachuelo, 1338
90010-273 Porto Alegre RS
fone/fax: (051) 225-3311
E-mail: livadv@vanet.com.br
Internet: www.liv-advogado.com.br

Impresso no Brasil / Printed in Brazil

Ofereço este trabalho

A meus pais Arley e Shirley, pelo carinho;

A Rosane, minha esposa, pelo companheirismo e dedicação;

Ao Thiago e à Bruna, filhos afetuosos, esperando que entendam as horas furtadas de nosso convívio.

Agradeço à professora Doutora Antonia Medina, aos professores Doutores Cezar Saldanha de Souza Junior, Hans Georg Flickinger, Leônidas Rangel Xausa (*in memorian*), Nelson Nery Júnior, Ovídio Araújo Baptista da Silva, Ruy Ruben Ruschel e Silvino Joaquim Lopes Neto, pelas aulas ministradas que, sem dúvida alguma, deixaram marcas indeléveis em minha pessoa. Agradeço, ainda, ao professor Doutor Marcos Bernardes de Mello, pela gentileza com que me atendeu para esclarecimentos surgidos durante a pesquisa. Outrossim, sou muito grato ao Ministro Ari Pargendler pelo fornecimento da cópia de sua palestra citada no corpo deste trabalho. Por fim, meu reconhecimento e gratidão ao meu orientador, professor Doutor Juarez Freitas, jusfilósofo que, com seu profundo conhecimento, iluminou meus passos até à chegada em porto seguro.

Lista de abreviaturas

Ac.	Acórdão
AdIR	Adicional estadual ao Imposto de Renda pago à União
CC	Código Civil
CF	Constituição Federal
Cofins	Contribuição Social sobre o Faturamento
CPC	Código de Processo Civil
CP	Código Penal
CPP	Código de Processo Penal
CTN	Código Tributário Nacional
DL	Decreto-Lei
IR	Imposto sobre a Renda e Proventos de Qualquer Natureza
LC	Lei Complementar
LMS	Lei do Mandado de Segurança (Lei nº 1.533, de 31.12.1951)
LP	Lei de Execução Penal
RP	Revista de Processo
RT	Revista dos Tribunais
TRF	Tribunal Regional Federal
UFRGS	Universidade Federal do Rio Grande do Sul
STF	Supremo Tribunal Federal
ZPO	Ordenação Processual Civil Alemã

Sumário

Introdução 13

1. Dos fatos e atos jurídicos e das relações jurídicas decorrentes 17

2. Direito subjetivo, pretensão, "ação" de Direito Processual, ação de Direito Material 33
   - 2.1. Direito subjetivo 33
   - 2.2. Pretensão 36
   - 2.3. "Ação" de direito processual 37
   - 2.4. Ação de direito material e sua classificação 42
     - 2.4.1. Mandado de segurança 45
     - 2.4.2. Ação ordinária 50
     - 2.4.3. Ação cautelar 59
     - 2.4.4. Consignação em pagamento 61
     - 2.4.5. Ação de execução 64
     - 2.4.7. Ação Direta de Inconstitucionalidade - ADIn e Ação Declaratória de Constitucionalidade - ADC 65
     - 2.4.8. Ação rescisória 67

3. Sentença e coisa julgada 71
   - 3.1. Da sentença 71
     - 3.1.1. Efeitos da sentença 72
   - 3.2. Da coisa julgada 73
     - 3.2.1. Conceito. Coisa julgada formal. Coisa julgada material 73
     - 3.2.2. Limites subjetivos 77
     - 3.2.3. Dos limites objetivos 80
       - 3.2.3.1. Das questões prévias, preliminares e prejudiciais .. 88
       - 3.2.3.2. Mandado de segurança 144
       - 3.2.3.3. Ação ordinária 149
       - 3.2.3.4. Da eficácia preclusiva 154

3.2.4. Sentença penal *versus* sentença cível 157
3.2.5. Coisa julgada inconstitucional? 171

Conclusões 177
Referências Bibliográficas 185

Introdução

Um tema que está profundamente ligado aos profissionais do Direito é a questão da coisa julgada. Sobre isso, inúmeras são as obras de autorizados doutrinadores. Ocorre que, pela dinâmica das relações jurídico-tributárias, nos temos deparado, já há algum tempo, com situações que, à luz da casuística tributária, parecem não oferecer uma padronização necessária a quem se propõe a trabalhar com princípios gerais da ciência processual.

O problema surge não somente das decisões desfavoráveis aos contribuintes, dado que os mesmos não se conformam diante dos percalços surgidos, mas também daquelas demandas em que exitosa a pretensão deduzida em juízo, ao menos avisado causará impressão de perpetuidade de conduta para fatos diversos. Este último caso ocorre quando a pretensão deduzida em juízo é no sentido de não pagar determinado tributo[1], quando a exigência fiscal se realiza em período certo de tempo. Não importa se a exigência ocorre em determinados períodos. Se a decisão final afastou o imposto de renda exigido em determinado exercício, tal fato, por si só, não terá o condão de possibilitar a utilização da mesma sentença para exercícios subseqüentes. Salvo se permanecer inalterado o conjunto de fatos apreciados naquela

---
[1] CTN, art. 3º "Tributo é toda prestação pecuniária compulsória, em moeda ou cujo valor nela se possa exprimir, que não constitua sanção de ato ilícito, instituída em lei e cobrada mediante atividade administrativa plenamente vinculada."

decisão. Por exemplo: a mesma norma jurídica, fato jurídico e partes. Ainda que esse entendimento não seja pacífico, procuraremos demonstrar no desenvolvimento deste trabalho a validade da afirmativa anterior.

Considerando que o presente trabalho analisa a coisa julgada e seus limites objetivos, busca-se, a partir deste ponto, uma resposta às situações processual-tributárias com que possamos nos deparar. Porém, registre-se que isso não nos habilita a pretendermos exaurir a discussão, senão a colaborar para a reflexão do assunto junto à seara tributária. Se no geral não temos a pretensão de sermos exaustivos, pois partimos de institutos e categorias postos pela lei e melhor doutrina, no particular não será diferente, visto que igualmente buscamos textos especializados acerca do assunto, não discriminando as fontes pelo fato de terem sido veiculadas em revistas, livros, palestras, ou preciosas sebentas. De outra parte, em alguns momentos afastamo-nos das concepções sedimentadas em doutrina, procurando um entendimento que nos parece mais próximo do justo do que da posição doutrinária.

Assim, como este trabalho tem por objeto os limites objetivos da coisa julgada em matéria tributária, procuramos alcançar a aplicação do instituto processual à pragmática justributária. Deram-nos especial motivação, posteriormente à nossa eleição do tema, as decisões do Egrégio Supremo Tribunal Federal relativamente à matéria tributária, quando, diante do majoritário quadro de contribuintes vitoriosos, deparamo-nos com decisões trânsitas em julgado contra os interesses de alguns sujeitos passivos tributários a respeito do mesmo tema em que aqueles foram exitosos.

Sem fugir do objetivo principal de confrontar os limites objetivos da coisa julgada com a matéria tributária, e daí extrairmos o néctar a nos saciar, procuramos, além da doutrina pátria, a alienígena a que tínhamos acesso.

Na conclusão, evitamos a tautologia, reduzindo, assim, o número de linhas que poderiam ser escritas sobre o trabalho, mas que impediriam uma síntese mais produtiva, haja vista que deixamos para o corpo do mesmo as elucubrações necessárias.

1. Dos fatos e atos jurídicos e das relações jurídicas decorrentes

No mundo real, deparamo-nos com os mais variados e possíveis fatos: de alguns deles participamos; outros apenas presenciamos. Em princípio, dos fatos em geral, não se infere como necessária a sua juridicidade, porém é válido afirmar que, ao menos em alguns deles, tal sucede.

Se a inferência de juridicidade é possível no que tange a determinado segmento de fatos, tem-se como antecedente lógico a existência de norma jurídica que emprestou relevância a esses fatos.

Como diz Pontes de Miranda[2], existem o "mundo fáctico" e o "mundo jurídico". "Nem todos os fatos do mundo fáctico (o nascimento, a morte, a manifestação de vontade, a ofensa) entram no mundo jurídico". Dos fatos eleitos pelo ordenamento jurídico como relevantes é que chegaremos aos fatos ditos jurídicos. Decorre daí que, do fato enquanto fato, uma vez existente previsão normativa (antevisão jurídica, *i.e.*, prévia, antes do fato), teremos o denominado "suporte fáctico" (*Tatbestand*) como bem lembra o referido jurista, ao que acrescenta: "Daí chamar-se 'suporte fáctico' o que contém o fato único (*e.g.*, morte), ou o que contém dois ou mais fatos (morte por outrem; manifestação de vontade *mais* forma especial). Enquanto não se compõe o suporte fáctico, de

---
[2] Pontes de Miranda, *in Tratado das Ações*, Tomo I, p. 4.

modo que a regra jurídica incida, os elementos *a*, *b* e *c* continuam no mundo fáctico. Só a incidência da regra jurídica é que determina a entrada do suporte fáctico (*sf*) no mundo jurídico. Precisamente: do suporte fáctico; não de cada elemento". Ocorre como que uma adstringência do fato enquanto tal e de seus elementos quando passa o suporte fáctico ao *status* de fato jurídico. Após a incidência da norma sobre o suporte fáctico, este entra no mundo jurídico, tornando-se (após a adstringência) fato jurídico; porque somente assim passou a chamar-se aquele que efetivamente ingressou neste "novo mundo" (ao menos para esse fato).

A afirmação acima com seus desdobramentos, dá-nos a clara impressão de que o "suporte fáctico" seria algo fora da regra jurídica e posterior à mesma. Ou seja, afirmar-se que "enquanto não se compõe o suporte fáctico, de modo que a regra jurídica incida", registra a percepção de que algo exógeno a esta deverá ocorrer, para que então, e somente então, a mesma (regra jurídica) incida sobre aquele (suporte fáctico).

Inicialmente, não deveria causar-nos dificuldade tal colocação; entretanto, encontramos na doutrina, afirmações de que o "suporte fáctico" estaria incluído na regra jurídica.

É o caso, por exemplo, de Araken de Assis, ao ponderar que a norma jurídica "contém o suporte fáctico, e produz fatos jurídicos em virtude da incidência".[3]

No mesmo sentido manifesta-se Alfredo Augusto Becker, porém com a diferença de equiparar a denominação "suporte fáctico" com "hipótese de incidência", *verbis*: "dissecada em sua *estrutura lógica*, a regra jurídica se decompõe em duas partes: a) a *hipótese de incidência* ('fato gerador', suporte fáctico, 'fattispecie', 'Tatbestand'); b) a *regra* (a norma, a regra de conduta, o preceito)". Coexistiriam, assim, regra de conduta e suporte fáctico

---
[3] Araken de Assis, in *Cumulação de Ações*, p. 62.

na regra jurídica, e, quando esta se dinamizar teremos a realização da hipótese de incidência (não mais mera hipótese) (O grifo está no original).[4]

Entendemos que o contido na norma é hipótese (conforme o próprio Alfredo Augusto Becker), porém o fato em si, com todos os seus elementos, será aproveitado no todo ou em parte (por uma ou mais regras jurídicas), para que desse "suporte fáctico" extraia-se o "fato jurídico". Daí a afirmação de que, analisando-se no plano da eficácia, dos fatos jurídicos defluem os efeitos tais como: relação jurídica, direito subjetivo, dever, pretensão, obrigação, ação e exceção.[5] Poderemos admitir a existência do suporte fáctico hipotético na norma jurídica. Esta admissão, todavia, deve ser condicionada a uma definição mais precisa, como, por exemplo, estabelecer que o "suporte fáctico hipotético" seria o enunciado lógico esculpido na norma, cujos antecedentes, se ocorridos, fazem com que a regra jurídica incida sobre o caso concreto (suporte fáctico do qual irá resultar o fato jurídico).[6]

Relativamente à regra jurídica, sua eficácia está na capacidade de incidir sobre suporte fáctico, incidências (ou incidência única) que ocorrerão sobre o suporte fáctico (múltiplas regras e um único suporte fáctico ou singularidade de regra).

Todavia, eficácia do fato (agora jurídico) será a capacidade de produzir efeitos, nascendo então a relação jurídica e todas as decorrências mencionadas anteriormente. O suporte suporta, o quê? A incidência da regra jurídica e não algo que não está contido em si. Logicamente não é possível o concreto conter-se no abstrato, a não ser na sua própria abstração, e aí não será mais concreto, mas sim hipótese. Pois, se a norma

---

[4] Alfredo Augusto Becker, in *Teoria Geral do Direito Tributário*, p. 57.

[5] Pontes de Miranda, in *Tratado das Ações*, Tomo I, p. 4. No mesmo sentido Marcos Bernardes de Mello, in *Teoria do Fato Jurídico* (Plano da Existência), p. 145.

[6] Neste sentido, Marcos Bernardes de Mello, idem, p. 36.

contivesse o suporte fáctico, salvo nosso engano, estaríamos diante de enunciado a ferir o princípio lógico da identidade ("A=A", *i.e.*, todo o objeto é igual a si mesmo,[7] "podendo a letra 'A' representar aqui quer um conceito, quer uma proposição"),[8] porque é evidente que o enunciado é igual a si mesmo (pura hipótese de incidência), porém não é o próprio fato (hipótese de incidência realizada, *i.e.*, o fato contido na norma mais a sua realização); há identidade enquanto idênticos o fato e a norma, mas não unidade, singularidade, comunhão, etc.

Posteriormente à incidência da regra jurídica sobre relação da vida, surge o nascimento de uma relação jurídica denominada "básica" ou "fundamental", ao passo que, se a relação jurídica decorrer da "eficácia do fato jurídico", chamar-se-á "intrajurídica" ou "eficacial".[9] Exemplificando, a relação jurídico-tributária relativamente ao Imposto de Transmissão *Inter Vivos* decorrente de uma compra e venda imobiliária é "eficacial", ao passo que aquela nascida do negócio é "básica". Conclui-se, assim, o porquê de, no mais das vezes, o Direito Tributário ser cognominado de Direito de superposição.

Após essas breves preliminares, não podemos furtar-nos da classificação dos fatos jurídicos, pois a decisão portadora do selo da coisa julgada teve como pressuposto a ocorrência ou não de fato jurídico e, nos casos positivos, a correta identificação do mesmo.

De início, informamos que nossa opção recaiu sobre a classificação apontada por Pontes de Miranda. Mais apropriado seria falar em aproximações com o pensamento daquele mestre, do que assumir compromisso impossível de entendimento e reprodução das idéias daquele gigante do pensamento jurídico.

---

[7] Hilton Japiassu e Danilo Marcondes, *in Dicionário Básico de Filosofia*, p. 127.

[8] André Lalande, *in Vocabulário Técnico e Crítico da Filosofia*, p. 508.

[9] Neste sentido, Pontes de Miranda, *in Tratado de Direito Privado*, Tomo I, pp. 117 e 120.

Disse Francisco Cavalcanti Pontes de Miranda: "A classificação dos fatos jurídicos há de atender a que o direito (...) tem de regrar o campo que lhe interessa e que constitui o próprio campo do mundo jurídico, discriminando os fatos que nele entram conforme a natureza de cada um; porém não pode deixar de aludir ao que compõe os suportes fácticos *antes* de serem suficientes, ou ao que eles podem perder, perdendo, por isso, a suficiência" (O grifo está no original).[10]

A taxinomia realizada por Pontes de Miranda parte do conceito de fato jurídico *lato sensu* como sendo "o que fica do suporte fáctico suficiente, quando a regra jurídica incide e porque incide. Tal precisão é indispensável ao conceito de fato jurídico. Vimos, também, que no suporte fáctico se contém, por vezes, fato jurídico, ou ainda se contêm fatos jurídicos. *Fato jurídico* é, pois, o fato ou complexo de fatos sobre o qual incidiu a regra jurídica; portanto, o fato de que dimana, agora, ou mais tarde, talvez condicionalmente, ou talvez não dimane, eficácia jurídica. Não importa se é singular, ou complexo, desde que, conceptualmente, tenha unidade"(O grifo está no original).[11]

Em linhas gerais, os fatos jurídicos (*lato sensu*) seriam divididos[12] em: fato jurídico *stricto sensu*; ato jurí-

---

[10] Pontes de Miranda, idem, Tomo I, p. 75. As primeiras regras jurídicas seriam *"pré-juridicizantes"*, porque "preocupam-se com a composição dos suportes fácticos como causadores de existência dos *fatos jurídicos*, e de ordinário para dizerem que os suportes fácticos não bastam (...) regras sobre não-existência dos fatos jurídicos; incidem sobre o que está composto, para repeli-lo do mundo jurídico". Pontes exemplifica, apontando "o direito pré-processual e processual" como disciplinas jurídicas que possibilitam o surgimento de "pretensão à declaração da não-existência da relação jurídica e a ação declaratória negativa". Essas hipóteses repelem os fatos *"antes* da juridicização, são fora da categoria dos fatos jurídicos"; as segundas, "regras jurídicas *juridicizantes*"; e por último "regras jurídicas *desjuridicizantes*" (Os grifos somente em parte estão nos originais).
[11] Pontes de Miranda, idem, Tomo I, p. 77.
[12] Pontes de Miranda, idem, Tomo I, p. 76.

dico *stricto sensu* (ato jurídico não-negocial); negócio jurídico; ato-fato jurídico; e ato ilícito.

Os fatos jurídicos *stricto sensu* são representados por aqueles "fatos que entram no mundo jurídico, sem que haja, na composição deles, ato humano, ainda que, antes da entrada deles no mundo jurídico, o tenha havido; *e.g.* nascimento".[13]

Relativamente aos atos jurídicos *stricto sensu*, entendem-se aqueles atos humanos que são exteriorização de "fato psíquico sem o intuito da criação do negócio jurídico". Provêm da lei sua juridicidade e sua eficácia, "quer os tenha querido, ou não, as pessoas que os praticaram (...) ocasional conteúdo de vontade". Eventual conteúdo volitivo não é suporte do fato jurídico, *e.g.* interpelação; constituição de domicílio. A norma incide sobre "ato humano, e não sobre conseqüência dele". Incidência sobre a conseqüência do ato é incidência sobre fato, e não ato.[14]

Alguns doutrinadores distinguem ato jurídico *stricto sensu* de negócio jurídico, através do elemento volitivo, mais precisamente: naquele haveria manifestação de vontade, neste declaração de vontade.[15] Pontes de Miranda, ao tratar do negócio jurídico, demonstra que as pessoas envolvidas nesta espécie de fato jurídico *lato sensu* estão interessadas em estabelecer a eficácia. "A diferença mais se opera na irradiação dos efeitos". O suporte fáctico de eleição levará as pessoas a negócio jurídico específico e determinado, ou mesmo "querer ou não querer o negócio jurídico A, ou B". Há possibilidade de escolha de categoria jurídica específica. "O negócio

---
[13] Pontes de Miranda, idem, Tomo II, p. 187.
[14] Pontes de Miranda, idem, Tomo I, pp. 79, 83-84.
[15] Paulo de Barros Carvalho, *in Curso de Direito Tributário*, p. 184, invocando Caio Mário da Silva Pereira e Serpa Lopes, apresenta de maneira bastante sucinta, a dicotomia apontada, levando a crer que está vinculado a esse pensamento. Todavia, não olvidamos que naquela obra o ilustre autor trata do tema de maneira incidental, porquanto o objeto é outro.

jurídico é o tipo de fato jurídico que o princípio da autonomia da vontade deixou à escolha das pessoas".[16] Na pragmática do planejamento tributário, encontramos, por exemplo, determinadas empresas que pretendem possuir um veículo. O intento pode ser alcançado através de um contrato de compra-e-venda, cuja depreciação ao longo dos anos será dedutível do lucro tributável, ou, ao invés disso, através de um contrato de *leasing*, em que os valores pagos mensalmente serão imediatamente passíveis de dedução, possibilitando, ao final, ativar o respectivo bem. Abstraindo o entendimento do Fisco, máxime em face de decisões judiciais que têm tutelado a pretensão, o fato é que, para diversos contribuintes, o *leasing* passa ser a melhor opção. Neste particular, os interessados escolheram a categoria de melhor conveniência, sempre atentos ao princípio da liberdade de forma que a moldura legal legitima.[17] Isto é, diante de múltiplas alternativas, caberá ao contribuinte a eleição da via menos onerosa.

Ainda que a caracterização do negócio jurídico esteja fortemente centrada na possibilidade de escolha da categoria jurídica, não deixa de ser importante termos presente que manifestação de vontade e declaração de vontade têm significados próprios. Assevera Pontes

---

[16] Pontes de Miranda, *op. cit.*, Tomo I, pp. 76 e 91 e Tomo III, p. 9. No mesmo sentido, Marcos Bernardes de Mello, *op. cit.*, p. 162.

[17] O Código Tributário Alemão, AO-1977, veda tal desiderato. Diz que é irrelevante a forma utilizada, interessando o resultado, mais precisamente, veda expressamente o denominado "abuso de formas jurídicas". Longe de nós pretender importar Direito alienígena sem análise crítica, máxime quando no Brasil vige o princípio da tipicidade cerrada, em se tratando de legalidade tributária. Pois bem, diz o estatuto germânico: "§ 42. Abuso de Formas Jurídicas. A lei tributária não pode ser fraudada através do abuso de formas jurídicas. Sempre que ocorrer abuso, a pretensão do imposto surgirá, como se para os fenômenos econômicos tivesse sido adotada a forma jurídica adequada". Co-edição: Forense e Instituto Brasileiro de Direito Tributário, p.17. Em A. Von Tuhr, encontramos que "el nombre de *forma* se reserva para designar la exteriorización que el acto ha de revestir por imperio de la ley o por voluntad de las partes". in *Tratado De Las Obligaciones*, p. 168 (O grifo está no original).

de Miranda que, "a declaração de vontade é a exteriorização declarada, tornada 'clara' (...) Declaração de vontade é espécie ou elemento de suporte fáctico, e não espécie de fato jurídico. (...) Não é característica da declaração de vontade que dela emanem efeitos jurídicos; (...) A declaração de vontade fazendo-se fato jurídico (ato jurídico *stricto sensu* ou negócio jurídico), já não é *só* a declaração de vontade, já não é apenas o suporte fáctico". No caso anteriormente mencionado, ao contratar uma operação de *leasing*, declara-se a vontade de fazê-lo, e se demonstra pela declaração a vontade de declarar (O grifo está no original).[18]

Por sua vez, ato volitivo adeclarativo (simples manifestação de vontade) não implica ausência de intenção em "comunicar vontade", mas que não torna "*clara* a vontade". O ato é signo de vontade, e, como tal, é capaz de produzir negócio jurídico. Pontes identifica, dentre outras, as seguintes hipóteses: "a aceitação da herança (art. 1.581, § 1º, 2ª parte)"; "a aceitação da oferta pelo consumo da mercadoria, ou pela encadernação do livro ofertado, ou pela tomada de posse e uso do terreno alugando"; "revogação do testamento pela destruição (art. 1.749)"; e "restituição do penhor" (O grifo está no original).[19]

De qualquer sorte, faz-se mister a percepção de que "a vontade, que se leva em consideração, é a vontade *manifestada*; não a *interna*". Porquanto, não sendo aquela, ensejaria a argüição de reserva mental, causa suficiente à desconstituição do negócio jurídico (Os grifos são do autor).[20]

---

[18] Pontes de Miranda, in *Tratado de Direito Privado*, Tomo I, pp. 81 e 83. Ainda na página 83: "(declaro=quero declarar para que surja como negócio jurídico; portanto com sua eficácia)" e "manifestação de vontade de negócio (=manifesto querer que surja o negócio jurídico)". Também no Tomo III, p. 6, prossegue, "todavia, a declaração de vontade de confessar-se ao padre não é suporte fáctico de negócio jurídico".

[19] Pontes de Miranda, idem, Tomo III, pp. 5 e 6.

[20] Pontes de Miranda, idem, Tomo I, p. 102.

Os atos-fatos jurídicos são aqueles "atos humanos, em que não houve vontade, ou dos quais se não leva em conta o conteúdo de vontade". Seriam eles os *atos reais* (*e.g.* tomada, aquisição, ou abandono da posse, ou a transmissão da mesma pela tradição; descobrimento de tesouro; composição de obra científica), a *responsabilidade sem culpa*, seja contratual seja extracontratual (*e.g.* art. 160, inc. II, 1ª parte do CC, deteriorar ou destruir coisa alheia, a fim de remover perigo iminente, quem causou o dano fica obrigado a indenizar), e as *caducidades sem culpa* (exceto o perdão,[21] *e.g.* "caducidade das ações redibitória e, *quanti minoris*, das ações de anulação de casamento, e a prescrição") (O grifo está no original).[22]

Já ato ilícito é ato jurídico de eficácia reativa, diferente do ato jurídico lícito, cuja eficácia é ativa.[23] O "ser" jurídico não é sinônimo de "estar" conforme a lei, mas de ter sido recepcionado pelo ordenamento jurídico, face à relevância demonstrada pelo antecedente lógico-normativo, que de hipótese normativa, pela ocorrência do fato, efetivou-se. Ato ilícito é ato jurídico, haja vista ter incidido regra jurídica sobre o correspondente suporte fáctico (ato ilícito praticado). Consiste "en la violación de ciertos deberes generales que impone la ley", na expressão de A. Von Tuhr.[24][25]

Neste momento, podemos sintetizar de alguma forma o escrito nas linhas anteriores. E, para isso, parece preciso o entendimento de Marcos Bernardes de Mello, que nos causou a impressão de ser um profundo conhecedor do pensamento de Pontes de Miranda e de outros renomados doutrinadores. Fortalece nossa afirmativa a postura de independência e capacidade que manteve na

---

[21] Pontes de Miranda, Tomo I, p. 83, e Tomo II, p. 372.
[22] Os exemplos de caducidade sem culpa são de Marcos Bernardes de Mello, *op. cit.*, p. 115.
[23] Pontes de Miranda, *in Tratado de Direito Privado*, Tomo I, p. 79.
[24] Pontes de Miranda, idem, Tomo I, pp. 77 e 79.
[25] A. Von Tuhr, *op. cit.*, p. 263.

obra mencionada por diversas vezes neste trabalho, para explicitar melhor determinadas filigranas encontradas nas lições do mestre Pontes de Miranda.

No exórdio, devemos apresentar a ampla dicotomia a que se submetem os fatos jurídicos, identificando os *"elementos nucleares* (cerne) *diferenciais"*. De um lado, "a conformidade ou não-conformidade do fato jurídico com o direito". Neste caso, teríamos os fatos lícitos e os ilícitos, respectivamente. De outro, "a presença, ou não, de ato humano volitivo no suporte fáctico hipotético". Mais precisamente, uns seriam "fatos da natureza ou dos animais" que não necessitam de ato humano para existirem. Em outros, o elemento essencial é o ato humano. Aqui para alguns não tem a mínima relevância o aspecto volitivo, denominando-se ato-fato jurídico; em contrapartida, aqueles cujo elemento volitivo é significativo seriam o ato jurídico *stricto sensu* e o negócio jurídico, este último caracterizado pela possibilidade de eleição de categoria jurídica (O grifo não está no original).[26]

Para o ilustre jurista, fato jurídico *stricto sensu* é aquele que "na composição do seu suporte fáctico, entram apenas fatos da natureza, independentes de ato humano como dado essencial".[27]

Ao passo que o ato-fato jurídico, para sua existência, não pode prescindir de um ato humano, "a norma jurídica abstrai desse ato qualquer elemento volitivo como relevante".[28] Como diz Pontes de Miranda, "se esvaziamos os atos humanos de vontade (= se dela abstraímos = se a pomos entre parênteses), se não a levamos em conta para a juridicização, o *actus* é *factum*, e como tal é que entra no mundo jurídico".[29]

---

[26] Marcos Bernardes de Mello, *op. cit.*, pp. 94-95 e 99-100.
[27] Marcos Bernardes de Mello, idem, p. 107.
[28] Marcos Bernardes de Mello, idem, p. 110.
[29] Pontes de Miranda, *in Tratado de Direito Privado*, Tomo II, p. 373.

Enquanto ato jurídico *stricto sensu* é "*o fato jurídico que tem por elemento nuclear do suporte fáctico manifestação ou declaração unilateral de vontade cujos efeitos jurídicos são prefixados pelas normas jurídicas e invariáveis, não cabendo às pessoas qualquer poder de escolha da categoria jurídica ou de estruturação do conteúdo das relações jurídicas respectivas*" (Os grifos estão no original).[30] E, por último, negócio jurídico "é o fato jurídico cujo elemento nuclear do suporte fáctico consiste em manifestação ou declaração consciente de vontade, em relação à qual o sistema jurídico faculta às pessoas, dentro de limites predeterminados e de amplitude vária, o poder de escolha de categoria jurídica e de estruturação do conteúdo eficacial das relações jurídicas respectivas, quanto ao seu surgimento, permanência e intensidade no mundo jurídico".[31]

Feita esta digressão sobre o fato jurídico e sua classificação, passaremos a uma breve abordagem do tema na área tributária.

A leitura da obra de Paulo de Barros Carvalho nos indica que todo fato é instantâneo, e, como tal, faltando algum elemento do suporte fáctico, dele ainda não resultará o fato jurídico. Diz o mestre: "... falar-se em fatos que não sejam instantâneos é, sob qualquer color, inadequado e incongruente, visto que todo o evento, seja ele físico, químico, sociológico, histórico, político, econômico, jurídico ou biológico, acontece em certas condições de espaço e de tempo (instante)".[32] Daí a impossibilidade da existência de fato gerador pendente (nos termos do art. 105 do CTN).[33] No caso do imposto

---

[30] Marcos Bernardes de Mello, *op. cit.*, p. 137.
[31] Marcos Bernardes de Mello, idem, p. 162.
[32] Paulo de Barros Carvalho, *op. cit.*, p. 179. Sacha Calmon Navarro Coêlho, in *Comentários à Constituição de 1988*, Sistema Tributário, p. 210, diz: "o fato gerador ocorre ou não ocorre".
[33] Sacha Calmon Navarro Coêlho, idem, p. 210, afirma: "A rigor, não é o fato jurígeno tributário que é pendente e sim o negócio jurídico, este sim pendente de condição suspensiva".

de renda das pessoas jurídicas, em 31 de dezembro de cada ano, o lucro eventualmente apurado seria um dos pressupostos do suporte fáctico, certamente o elemento nuclear, para que então ocorra a incidência da regra jurídica de tributação. O dia 31 de dezembro seria termo final, e não condição.[34] Ou seja, não haveria fato jurídico com início em 1º de janeiro e encerramento em 31 de dezembro de cada ano (*v.g.* imposto de renda das pessoas jurídicas com base no lucro real). Nos doze meses, em cada um *per se*, os respectivos lucros ou prejuízos apurados em balancete mensal não seriam "pequenos-fatos ou parciais fatos geradores" do imposto de renda, ou parte dele. O resultado, quando do encerramento do exercício ou das atividades da empresa, é que demonstrará se a norma incidirá ou não (lucro ou prejuízo). Eventuais antecipações por força da legislação vigente no momento não invalidam o raciocínio. Seriam elas elementos integrantes do suporte fáctico acaso a final for apurado lucro. Se, porventura, em onze meses apurou-se lucro em balanços parciais (balancetes) e no último mês constatou-se prejuízo, que inclusive anulou o lucro acumulado até então, entendemos que aí teremos a "causa de caducidade" das antecipações, "por falta de resultado"[35] (lucro tributável). Tanto é verdade que, apurado o prejuízo no balanço anual, terá o contribuinte adquirido o direito à compensação de futuros lucros tributáveis, com o prejuízo fiscal aqui apurado. Complexo, quanto aos elementos, e de formação sucessiva, não seria o fato jurídico, mas sim o suporte fáctico.[36]

---

[34] Termo final. Isto é, "determinação inexa" (nexo interno) relativamente ao tempo em que haverá de terminar a eficácia, determinada pela lei tributária.
Neste sentido, Pontes de Miranda, in *Tratado de Direito Privado*, Tomo V, pp. 93 e 185; e Sacha Calmon Navarro Coêlho, idem, p. 210, "... como se o *dies ad quem* fosse condição e não termo, no sentido de *marco temporal*".

[35] Neste sentido, *mutatis mutandis*, ver Pontes de Miranda, in *Tratado de Direito Privado*, Tomo III, p. 25.

[36] Pontes de Miranda, idem, Tomos I e III, pp. 97 e 23, sucessivamente; e Marcos Bernardes de Mello, *op. cit.*, p. 133, discorrem exaustivamente sobre o tema.

A assertiva, linhas atrás, de Paulo de Barros Carvalho, meritoriamente isola o objeto de análise pela angulação, que nos parece ser de um dos requisitos de incidência da regra jurídica de tributação. Entretanto, em nosso modesto entendimento, a brilhante exposição do justributarista não invalida o seccionamento do objeto "fato jurídico" pelas tradicionais angulações, quanto ao tempo de sua realização e aos elementos, desde que somente para fins didáticos, e alertado para o fato da confusão terminológica. Na teoria apresentada, o ponto valorado é o pressuposto. Pressuposto como elemento integrante do suporte fáctico. Neste diapasão, podemos considerar a existência de requisitos ou pressupostos em todos os suportes fácticos em geral, e tributário em particular.[37] Pressupostos e requisitos que são imprescindíveis à completude do suporte fáctico, e por esse motivo à ocorrência do fato jurídico e da obrigação tributária.

O caso em tela é típico do imposto de renda das pessoas jurídicas, onde seu fato dito gerador, segundo o artigo 43 do Código Tributário Nacional, é "a aquisição da disponibilidade econômica ou jurídica" de renda ou proventos de qualquer natureza. Com efeito, segundo o dispositivo mencionado (elemento que chamaríamos de nuclear), combinado com, e.g. a Lei nº 9.430, de 30.12.1996, art. 2º, § 1º (pagamento mensal e alíquota de 15%), e art. 5º (que estabelece data de pagamento da parcela única, etc.), teríamos esses como sendo os demais requisitos, diríamos, subjacentes ao núcleo.

---

[37] Pressupostos ou requisitos como elementos do suporte fáctico, cujo preenchimento dará azo à incidência da regra jurídica. Aqui não devendo confundir-se os pressupostos de irradiação dos efeitos com os pressupostos (elementos) do suporte fáctico, ainda que remotamente sejam os mesmos. Pressupostos, requisitos, ou elementos são denominações preferentemente utilizadas a "condição ou condições", pois quando estas são utilizadas como sinônimo daquelas, o são de maneira "atécnica", em razão de "condição" ter sentido próprio em Direito. Pontes de Miranda, idem, Tomo I, pp. 94, 95, e 103.

Por outro lado, tratando-se de ICMS, teríamos como um dos requisitos de existência uma operação relativa à circulação de mercadorias e, como pressuposto subjacente à tributação, poderíamos citar o fato de a mesma estar ao abrigo do diferimento.

Agora, no que tange à análise do fato jurídico tributário (*rectius*: suporte fáctico) através da "janela temporal", temos que, conforme dito em linhas anteriores, tal seccionamento permite um enfoque em outra dimensão, ainda que a assertiva e as próprias explicações relativamente a essa tentativa não sejam unânimes (*v.g.* quanto ao imposto de renda das pessoas jurídicas, se a perfectibilização ocorreria no último minuto do último dia do ano ou no primeiro segundo do primeiro dia do ano seguinte, ou, ainda, se o fato jurídico é instantâneo).

Neste prisma, dos fatos jurídicos tributários pode-se dizer que, quanto ao *tempo* de sua realização, de duas hipóteses, uma será: ou o fato será *instantâneo* (se verifica e esgota em determinada unidade de tempo), ou *continuado*, também chamado de *periódico* (em vista de os fatos ocorrerem por períodos certos de tempo).[38] Quanto aos *elementos*, uma de duas: *simples* ou *complexo*. Assim, em havendo um só fato, teremos o simples. Se a existência for de múltiplos fatos, será complexo.

O fato continuado ou continuativo, segundo alguns doutrinadores, pressupõe a ocorrência, de certa forma

---

[38] Sobre Fatos Geradores quanto ao tempo de sua realização, ver Paulo de Barros Carvalho, in *Curso de Processo Civil*, Vol. I, p. 176; e Ronaldo Luiz Ponzi, in *Curso de Direito Tributário*, pp. 98 e 99. Junto ao entendimento das espécies de fatos aqui apontados, é mister lembrar o conceito de *acontecimento* e *estado* a respeito dos quais Pontes de Miranda diz que: "São *acontecimentos* os fatos relativos ao mundo externo, ou ao mundo interno (comunicações de vontade e comunicações de conhecimento, declarações de vontade, atos) se tomados como fatos externos; são *estados* as atitudes ou permanências fácticas em que os fatos são tomados como revelação ou prova de alguma qualidade ou circunstância. A situação da coisa é estado; o achar-se *aqui* e *agora* ..., é acontecimento." In *Tratado de Direito Privado*, Tomo I, p. 23 (Os grifos estão no original).

ordenada, de fatos jurídicos uns após os outros. Não deve ser confundido neste particular com o que Pontes de Miranda chama de *sucessividade necessária* ou *sucessividade facultativa dos elementos componentes do suporte fático*.[39] O fato continuado, enquanto jurídico, compreende uma sucessão de fatos. Sucessão que, por sua vez, compreende alteridade fática. Pluralidade de fatos. Sucessividade dos elementos componentes do suporte fáctico indica tão-somente que, na estrutura interna do mesmo há uma pluralidade, no caso, de elementos. Aqui poderíamos arriscar dizer que há uma pluralidade na unidade fática. Isto é, vários elementos compõem o suporte fáctico. Lá, haveria pluralidade de fatos, podendo o suporte ser singular ou plúrimo quanto aos elementos.

De outra parte, temos presente a advertência de Pontes de Miranda de que é possível encontrarem obrigações e pretensões fora do Direito das Obrigações. Contudo, interessam ao Ente público tributante tanto os "negócios jurídicos de Direito das Obrigações", quanto os "negócios jurídicos de Direito das Coisas" (mas não somente esses, também outros, *e.g.* o Direito das Sucessões - imposto de transmissão *causa mortis*). Estes como aqueles, desde que suficientes os pressupostos do suporte fáctico à incidência de norma tributária. Em um "contrato de compra e venda" (irradiação de relação jurídica obrigacional) e "acordo de transmissão de propriedade e posse" ("vinculação à transmissão a que se há de seguir a tradição ou o registro"), a suficiência do

---

[39] Pontes de Miranda, idem, Tomo III, pp. 23-24. Diz ele: "Os elementos componentes do suporte fáctico ou *têm* de ocorrer, todos, no mesmo momento; ou é *possível*, juridicamente, que se dêem em momentos diversos, com ou sem fixação, e então são deslocáveis, ou sem repercussão na validade do negócio, ou com repercussão; ou *têm* de ser em momentos diversos. (...) O princípio da simultaneidade exige que os elementos do suporte fáctico sejam no mesmo momento, ou pelo menos alguns (combinação com o princípio da sucessividade livre ou não). O *princípio da sucessividade* exige certa ordem, ou a simples sucessão." (Os grifos estão no original).

suporte fáctico à incidência da norma jurídica do imposto de transmissão *inter vivos*, relativamente à propriedade imobiliária, dará nascimento, *ipso facto*, à "obrigação" tributária. A natureza obrigacional do Direito Tributário será percebida quer nas hipóteses em que o fato foi surpreendido em bruto por esta disciplina jurídica, ou à chegada desta posteriormente à outra disciplina (denominada superposição).[40]

Essas situações factuais ou jurídicas serão encontradas nas demandas tributárias, e auxiliarão a fixação de sua identidade. A par disso, do fato jurídico nascerá o direito subjetivo cujo titular, aguardando o cumprimento, poderá ser surpreendido por uma ação judicial intentada pelo sujeito passivo da relação material. A partir dos contornos da lide, será esboçada a futura sentença com força de coisa julgada.

---

[40] Pontes de Miranda, idem, Tomo XXII, pp. 7, 10 e 11. E, esclarecendo, diz mais: "a direito corresponde dever, de que o devido é objeto a prestar-se, e a pretensão corresponde obrigação, sem que se possa negar que há pretensões e obrigações fora do Direito das Obrigações. (...) Direito das Obrigações como o "ramo de direito em que se constituem relações jurídicas de estrutura pessoal; mas, ainda assim, há direitos de estrutura pessoal que estão fora dele", pp. 7 e 8.

2. Direito subjetivo, pretensão, "ação" de Direito Processual, ação de Direito Material

2.1. DIREITO SUBJETIVO

O ponto em questão é sabermos o que é direito subjetivo, e não o que é "Direito", ainda que aquele decorra deste, como na relação existente entre as coisas que são singulares, e as que são universais. No presente momento, não é nosso objetivo perquirir e elaborar um conceito do que seja o "Direito" (problema da Filosofia do Direito), contudo lembramos rapidamente o estudo desenvolvido por Sylvio Romero, que em pesquisa exaustiva, à sua época, cita o que seja "Direito" na opinião de Jeremias Bentham: "o direito é a maior felicidade do maior número possível."[41]

Na elaboração da definição de direito subjetivo, acreditamos no envolvimento da Filosofia e da Ciência Jurídica, dado que aquela trabalhará no questionamento das coisas postas (evidências), porém nem sempre realizando um trabalho de análise crítica dos pressupostos do cientista. Este, então, partirá dos mesmos pressupostos para realizar a sua ciência.

Tendo isso como preliminar, não nos sentimos impedidos de tomar em conta o pensamento de Jeremias

---
[41] Sylvio Romero, in *Ensaios de Philosophia do Direito*, p. 282.

Bentham, a par dos inúmeros outros que poderiam ser utilizados, para de alguma maneira considerarmos que se "Direito" é "a maior felicidade do maior número possível", então o direito subjetivo poderia ser tido como "a minha felicidade com relação ao singular, na justa medida que isso representa a satisfação da maioria".

Desta maneira, "minha felicidade com relação ao singular" poderá ser o "direito de propriedade" de que sou titular, o "direito de crédito" que possuo perante meu devedor, ou, no Direito Tributário, algum direito subjetivo "positivado" (em face do princípio da estrita legalidade,[42] e este será o nosso exemplo), que, em seu desdobramento, veda ao Ente público tributante exigir ou aumentar tributo sem lei que o estabeleça, e, em contrapartida, outorga ao sujeito passivo da obrigação tributária, o "direito subjetivo" de só cumpri-la nestas condições.

Assim, a "felicidade" do sujeito passivo tributário estará atuante enquanto o princípio da legalidade tributária estiver sendo respeitado.

A partir da inobservância (por parte da pessoa jurídica de direito público interno, *i.e.*, sujeito ativo) do princípio mencionado estará quebrada a "felicidade" do contribuinte. O seu direito subjetivo foi desrespeitado.

Vimos, então, que havia uma norma jurídica contida em determinado diploma legislativo (constitucional), não respeitado por um dos destinatários (Ente público tributante), cuja inobservância quebrou a relação harmônica existente até então, relativamente ao outro destinatário, pois se beneficia da vedação que é imposta ao sujeito ativo, e que poderá ser invocada sempre que desrespeitada, como a dupla face da mesma moeda, o sujeito passivo.

---

[42] Artigo 150, inciso I, da CF.

Deste ponto, o desdobramento poderá multiplicar-se: o contribuinte paga indevidamente, questionará judicialmente a exação (depositando ou não em juízo), buscará uma compensação acaso tenha pago indevidamente, etc.

Este prisma do que seja direito subjetivo não tem a intenção de esgotá-lo, podendo citar-se Ovídio A. Baptista da Silva, para quem o mesmo é "uma técnica de que o legislador lança mão como uma força de tornar efetivo o enunciado contido na norma jurídica". Daí, seguir o processualista, "... direito subjetivo é um *status*, uma categoria jurídica estática, ao contrário da ação que pode ser esse próprio direito subjetivo em seu momento dinâmico de realização".[43]

Estamos, então, diante do chamado direito subjetivo que, agregado ao exemplo da legalidade tributária, qualificaríamos de material.

Agora, a partir de uma outra visão, mais especificamente constitucional e processual, estaremos frente ao direito de acesso à Justiça,[44] o direito de acesso aos tribunais, e o direito à tutela jurídica, o que não deve ser confundido com a própria atividade, ou nas exatas palavras de Ovídio A. Baptista da Silva, devemos "evitar desde logo a freqüente confusão que se faz entre 'ação' e direito subjetivo público de invocar a tutela jurisdicional, ou de suscitar a atividade dos órgãos estatais encarregados de prestar esta atividade. A ação não é um direito subjetivo pela singela razão de ser ela própria a

---

[43] Ovídio A. Baptista da Silva, in *Curso de Processo Civil*. Vol. I, p. 60.

[44] Na obra *Acesso à Justiça*, escrita por Mauro Cappelletti e Bryant Garth, encontramos que "a expressão 'acesso à Justiça' é reconhecidamente de difícil definição, mas serve para determinar duas finalidades básicas do sistema jurídico - o sistema pelo qual as pessoas podem reivindicar seus direitos e/ou resolver seus litígios sob os auspícios do Estado. (...) Nos estados liberais 'burgueses' dos séculos dezoito e dezenove, os procedimentos adotados para solução dos litígios civis refletiam a filosofia essencialmente individualista dos direitos, então vigorante. Direito ao acesso à proteção judicial significava essencialmente o direito *formal* do indivíduo agravado de propor ou contestar uma ação", pp. 8-9.

expressão dinâmica de um direito subjetivo público que lhe é anterior e no qual ela mesma se funda, para adquirir sua pressuposta legitimidade".[45]

Em linhas gerais, teríamos nas hipóteses anteriormente examinadas uma idéia acerca de direito subjetivo, lembrando que o explicitado na norma contida em determinado diploma legal denominamos de "direito objetivo" (*prius*) e que, somente após a ocorrência de algum fato, ao qual o Direito empreste relevância jurídica, obteríamos o "direito subjetivo" (*posterius*) propriamente dito (nascido da incidência da norma sobre o suporte fáctico).

2.2. PRETENSÃO

A pretensão também tem suas dimensões material e processual. Antes, porém, podemos iniciar a busca de uma definição do que seja pretensão, por uma angulação semântica. Depreende-se que pretensão é uma "vocação", um ser "diligente", porém ainda não realizado. Neste caso, diremos que pretensão contribuiria ao devir (ao "vir a ser") do direito subjetivo. Todavia, esse *status*[46] não é suficiente para a consecução do objetivo que é a realização do próprio direito subjetivo.

É importante ponderar que o direito subjetivo esteja dotado de pretensão (o que por si só não basta, mas constitui o passo seguinte, em direção à ação de direito material). Baseando-se em Pontes de Miranda, Araken de Assis diz: "O direito à tutela jurídica nasce dotado de *pretensão*. Cuida-se da *pretensão à tutela jurídica*, ou o poder de provocar a atividade jurisdicional (...). Ela cabe a número maior de pessoas do que o daquelas que têm pretensão (e ação) de direito material. Também não

---
[45] Ovídio A. Baptista da Silva, *in Curso de Processo Civil*, Vol. I, p. 61.
[46] Ovídio A. Baptista da Silva, idem, Vol. I, p. 63.

pertence, exclusivamente, às partes, que somente exercem-na, na relação processual".[47]

Registre-se, porém, que Francesco Carnelutti não considera a pretensão um "poder", conforme visto acima, mas um "ato", um agir, *verbis*, "la pretensión, es un *acto* no un *poder*; algo que alguien *hace*, no que alguien *tiene*; una manifestación, no una superioridad de la voluntad. No sólo la pretensión es un acto y, por tanto, una manifestación de voluntad, sino uno de aquellos actos que se denominan *declaraciones de voluntad*." E, prossegue o mestre peninsular, que tal "ato" (*rectius*: pretensão) "no sólo *no es, sino que ni siquiera supone* el derecho (subjetivo)", tanto que, afirma ele, a "pretensão pode ser proposta" por quem tenha ou não o direito. Arremata que pode haver "direito sem pretensão", como esta sem aquele (pretensão sem direito) ou, em seus termos, "pretensão infundada e direito inerte" (Os grifos são do autor).[48]

Porém, é com Pontes de Miranda que iremos concluir que a exigibilidade é o conteúdo da pretensão e revelar o nexo de conteúdo (àquela) e continente (a esta) a que ambas estão ligadas.[49]

2.3. "AÇÃO" DE DIREITO PROCESSUAL

Quanto à denominada "ação" processual, inspirados em Pontes de Miranda, podemos adotar o critério de utilizar a grafia "ação" (entre aspas) e não ação, para distinguirmos aquela, de natureza processual, desta cuja natureza prende-se ao direito material. Assim," "a *ação* exerce-se principalmente por meio de 'ação' (remédio jurídico processual), isto é, exercendo-se a pretensão à

---
[47] Araken de Assis, *in Cumulação de Ações*, p. 70.
[48] Francesco Carnelutti, *in Instituciones del Proceso Civil*, Vol. I, p. 31.
[49] Pontes de Miranda, *in Tratado das Ações*, Tomo I, p. 48.

tutela jurídica, que o Estado criou" (O grifo está no original).[50] Essa afirmativa de Pontes de Miranda possibilita deduzir a existência de uma relação entre universal e particular, entre "ação" e ação, porquanto todos terão aquela, porém somente alguns terão esta. Do universo de pessoas, todas poderão utilizar-se da "ação". Dentre as que se utilizarem dela, algumas terão ação, cujo direito e pretensão foram demonstrados no desenvolvimento do processo. Outras não alcançarão tal objetivo (ação). Das que não irão alcançar tal desiderato, algumas poderão estar conscientes da falsidade de suas afirmações, outras estariam equivocadas no seu entendimento. Fato, porém, é que todas tiveram "ação". Poderá ocorrer que determinado autor, após decisão favorável de primeiro grau de jurisdição, e diante da perspectiva de inúmeros recursos protelatórios do réu, busque abreviar o resultado, aceitando acordo para encerrar a discussão. Neste particular, ao invés da condenação e posterior execução do réu, entendemos que a ação (material) será substituída pela transação entre as partes e homologada pelo magistrado.[51]

Podemos exemplificar este último caso com a discussão havida em torno do art. 18 do Decreto-Lei nº 2.323, de 26.02.1987. Lembramos que tal dispositivo reintroduziu a correção monetária do balanço, após o período de congelamento de preços determinado pelo "Plano Cruzado" em 1986. Em face de decisão do Egrégio STF, a discussão ficou definida em favor dos contribuintes. Daí resultou a edição de dispositivo que autorizou a extinção dos processos em andamento, desde que atendidos os requisitos fixados, havendo "solu-

---

[50] Pontes de Miranda, idem, Tomo I, p. 110.

[51] Pontes de Miranda, idem, Tomo I, p. 170, mais especificamente refere-se o autor à relação existente entre pretensão à tutela jurídica e partes, pertencendo àquela a um maior número de pessoas do que a estas, pretendentes a possuírem pretensão de direito material.

ção consensual da lide" e cessando a demanda pela transação.[52] Pontes ressalta ainda a relação entre ação e "ação" (processual), do ponto de vista judicial, administrativo (tribunal administrativo ou simplesmente a administração), em sede de juízo arbitral (em "corpo não-estatal", paraestatal, ou qualquer outro), ou "justiça de autotutela" (não invalidando, contudo, o afirmado monopólio estatal da jurisdição).[53] Ou como disse Piero Calamandrei, "la prohibición de la autodefensa (...) es el resultado de una larga y trabajosa evolución. Para llegar al Estado constitucional moderno, en el cual la administración de la justicia está considerada como monopolio del

---

[52] Pontes de Miranda observa que a transação não é declarativa mas constitutiva restrita ao processo. idem, Tomo I, pp. 208-209. Transação comumente manejada é a administrativa, quando da opção do pagamento do tributo e acréscimos com redução de multa, se realizado no prazo para impugnação do lançamento de ofício, e em sua substituição, *v.g.*, Lei (Estado do Rio Grande do Sul) nº 6.537/73, art. 72 e alterações posteriores. O disposto na Lei nº 9.430, de 27.12.1996, art. 77, "Fica o Poder Executivo autorizado a disciplinar as hipóteses em que a administração tributária federal, relativamente aos créditos tributários baseados em dispositivo declarado inconstitucional por decisão definitiva do Supremo Tribunal Federal possa: (...) III - formular desistência de ações de execução fiscal já ajuizadas, bem como deixar de interpor recursos de decisões judiciais" (regulamentado pelo Decreto nº 2.194, de 07.04.1997), eventualmente, poderia propiciar transação judicial - as partes fariam concessões mútuas para extinguir o litígio. A primeira parte do inc. III fala em desistência de execução fiscal; como o art. 26 da Lei nº 6.830, de 22.09.1980, possibilita que tal fato não gere "qualquer ônus para as partes", caso ocorra "antes da decisão de primeira instância", não seria, ainda transação. Agora, se a desistência da "ação" ocorresse em nível recursal face previsão em "lei" (pois a Lei nº 9.430/96 não contempla desistência da "ação" havendo recurso a ser apreciado, mas de "interposição de recurso"), aplicar-se-ia subsidiariamente o CPC (art. 1º da Lei 6.830/80) cujo art. 569, parágrafo único, alínea *b*, condiciona a desistência da "ação" à anuência do "embargante". Todavia, seria trilhar caminho longo, quando a linha reta existente é a do art. 501 do CPC, que autoriza o recorrente a desistir do "recurso" sem anuência do recorrido ou litisconsortes.

[53] Pontes de Miranda, idem, Tomo I, pp. 111-112. Diz Pontes: "Se qualquer desses caminhos lhe é fechado, ou se lhe obstrui," judicial, administrativo, juízo arbitral, ou autotutela, prossegue o autor, "nem por isso deixa de existir a ação; porque tais cortes são no direito processual, ou no direito público, provavelmente constitucionais".

Estado y está confiada, de una manera exclusiva, a sus órganos".[54] Conforme sabemos, no plano de tributos federais, o Decreto nº 70.235, de 06.03.1972 determina todos os passos a serem seguidos na esfera administrativa, quer na denominada primeira instância, quer no tribunal administrativo, chamado Conselho de Contribuintes. Poderá, nessa esfera administrativa, ser atendido o pleito do contribuinte, tornando-se desnecessário o processo judicial. Entretanto, via de regra, a esfera judicial tem recebido os litígios de maior significado, não só econômico, mas quanto à natureza da discussão. Por último, podemos indagar se a autotutela está afastada no ramo do Direito Tributário. Podemos lembrar o que ocorre com o chamado "autolançamento"(*rectius*: "aproveitamento unilateral", como julgamos mais adequado) de créditos extemporâneos ou daqueles que o contribuinte entende possível, contrariando o entendimento do Fisco, ou, ainda, de créditos em que não há controvérsia. De um lado, poderíamos dizer que o aproveitamento unilateral de créditos fiscais, antes de ser uma modalidade de autotutela, seria o exercício regular de um direito, máxime quando da inexistência de contrariedade por parte do Fisco. De outro, havendo reprovação do Fisco, haverá autotutela quando o contribuinte lançar o crédito fiscal para diminuir ou zerar tributo que deveria pagar. A oposição do Ente público será materializada pelo lançamento *ex officio*, que representa a resistência à pretensão do contribuinte. Aí, uma de duas, ou o contribuinte ajuíza ação anulatória do ato declarativo da dívida (art. 38 da Lei nº 6.830, de 22.09.1980), tomando a dianteira, ou deixa a iniciativa para o Fisco, através da execução fiscal, defendendo-se nos embargos. Nas duas hipóteses, as partes recorrem ao monopólio estatal da jurisdição.

---

[54] Piero Calamandrei, *in Instituciones de Derecho Procesal Civil*, Vol. I, pp. 222 e 226. O referido autor aponta como uma das exceções à autotutela a legítima defesa, p. 224.

Ainda sobre a "ação", devemos lembrar que em nosso sistema, via de regra, esta será conseqüente à "pretensão à tutela jurídica" (irrenunciável), cujo antecedente é o "direito subjetivo" a essa tutela. Assim, leciona Pontes, teríamos direito de "ação", e não direito de ação, porquanto daquele precede "direito e pretensão à tutela jurídica", de cujo exercício advém a "ação".[55] Neste sentido, entendemos Galeno Lacerda, quando vincula o direito de petição (direito de acesso aos tribunais) ao Direito Constitucional, e Mauro Cappelletti, que alerta para a dificuldade de definir "acesso à Justiça", mas aponta duas finalidades, quais sejam: "o sistema pelo qual as pessoas podem reivindicar seus direitos, e/ou resolver seus litígios sob os auspícios do Estado" (o acesso à Justiça há de ser efetivo, diz o autor, dissecando didaticamente alguns grandes grupos, dentre os quais, custas judiciais e possibilidades das partes).[56] Assim, o destinatário da norma, ao valer-se da pretensão oriunda do Direito Público e exercendo "ação", vincula-se ao juiz a quem dirige sua pretensão de direito material insatisfeita. Sendo a "ação" um exercício à pretensão da tutela jurídica criada pelo Estado, é também uma relação entre autor e magistrado, enquanto órgão estatal encarregado do monopólio da jurisdição.

[55] Pontes de Miranda, *in Tratado das Ações*, Tomo I, pp. 113 e 116: "Direito de ação, no sentido privatístico, é expressão que se deve evitar: há ação se há direito". No mesmo sentido, Ovídio A. Baptista da Silva, *in Curso de Processo Civil*, Vol. I, p. 61: "Uma coisa será o *direito subjetivo processual* por meio do qual a ordem jurídica reconhece a alguém o poder de tornar efetivo o direito através do exercício da 'ação' processual. Outra não o poder mas o exercício efetivo desse direito, por meio da 'ação'."

[56] Galeno Lacerda, *in Despacho Saneador*, p. 76; e Mauro Cappelletti e Bryant Garth, *op. cit.*, p. 8. Com razão Kazuo Watanabe, igualmente defendendo um "acesso efetivo à Justiça", e não mero "acesso", máxime diante do desequilíbrio existente entre as partes em várias demandas. Efetivação de tal desiderato, ainda que representando uma parte do que pode ser feito, as inovações introduzidas pela Lei nº 8.952/94 no CPC, arts. 273 e 461, das quais o referido autor participou como integrante da "Comissão de Juristas". *In Tutela Antecipatória e Tutela Específica das Obrigações de Fazer e Não Fazer*, Revista do Direito do Consumidor, nº 19, p. 78.

Ousamos, neste momento, buscar uma síntese. O denominado direito de acesso à Justiça,[57] abrindo suas portas a todos (e aí justapomos o direito de petição, direito de acesso aos tribunais), "sob a ótica de 'direito constitucional',[58] seria o *prius* relativamente ao direito à tutela jurídica, [59] e este se acharia na condição de *medius*, tendo como *posterius* a "ação" (processual), esta não como poder inerente ao direito subjetivo processual, mas o "exercício efetivo desse direito".[60]

2.4. AÇÃO DE DIREITO MATERIAL E SUA CLASSIFICAÇÃO

De maneira geral, podemos dizer que, em matéria tributária, os litígios originam-se pela inconformidade ou pelo inadimplemento puro e simples da obrigação pelo contribuinte. Na primeira hipótese, está à disposição do sujeito passivo tributário a via administrativa, ou a judicial. Na via administrativa, tratando-se de, *e.g.*, tributos federais, temos o Decreto nº 70.235, de 06.03.1972, que aponta a maneira adequada à impugnação do lançamento. Na esfera judicial, as questões serão tratadas pelo processo civil. Não ocorrendo o pagamento e a impugnação, estaremos abordando a segunda hipótese (ou após "decisão final proferida em processo

---

[57] Mauro Cappelletti e Bryant Garth, idem, p. 8.

[58] Galeno Lacerda, *op. cit.*, p. 76.

[59] Pontes de Miranda, *in Tratado das Ações*, Tomo I, pp. 229-239. Sobre o assunto, ainda, Araken de Assis, *in Cumulação de Ações*, pp. 67-70. "Não depende da opinião dos juristas existir, ou não, a pretensão à tutela jurídica. Se não existisse, não teria o Estado o dever de julgar; e tem-no. (...) é de direito público (p.232)". "A Justiça vai recebê-lo, não porque tenha direito subjetivo, de direito material, nem, tampouco, ação: recebe-o como a alguém que vem prestar perante os órgãos diferenciados do Estado a sua declaração de vontade, exercendo a sua pretensão à tutela jurídica", p. 234. "... *direito público subjetivo a que o Estado por seus órgãos, preste justiça*"(Os grifos estão no original), p. 235.

[60] Ovídio A. Baptista da Silva, *in Curso de Processo Civil*, Vol. I, p. 61.

regular", dando pela procedência do lançamento, art. 201 do CTN), em que o crédito tributário será inscrito em dívida ativa na "repartição administrativa competente", como também poderá acontecer alhures, caso já não o tenha sido (*e.g.* ação declaratória negativa, em que o contribuinte não recolheu ou depositou o tributo em conta judicial incorrendo em mora).

Em verdade, tanto Fisco quanto contribuinte dispõem do Poder Judiciário para demandar um contra o outro (a faceta do Estado-credor socorrendo-se de órgão dele integrante, e o contribuinte buscando a proteção do mesmo, contra o próprio, o que não chega a causar espanto diante da independência da cognição, julgamento e papéis constitucionalmente definidos). O processo desenvolver-se-á de maneira tal que as partes possam exercitar seu direito de ampla defesa, e o magistrado, de maneira imparcial, ultimará por decidir. Diferentemente ocorrerá no denominado processo administrativo, em que o julgador é parte interessada e parcial. Não obstante isso, deverá ele ater-se à legalidade, ainda que isso contrarie suas convicções pessoais.

Assim, quando Allorio[61] diz não haver "jurisdição sem processo", acrescentando que isso não significa a inexistência de "processo sem jurisdição", deve-se entender esta última afirmativa como possibilidade de o Fisco tomar as medidas necessárias à busca do crédito perante o contribuinte, o que o processual-tributarista chama de "processo d'autotutela", considerado à luz do ordenamento jurídico de seu país. Quando ele afirma ter o contribuinte de recorrer ao *"organi giurisdizionali"* para fazer-se justiça enquanto ao Fisco é reservado o direito de autotutela *"senza rivolgersi agli organi della giurisdizione tributaria"*, tem-se lá o processo propriamente dito, e aqui, mero procedimento. Portanto, como diz Ovídio A. Baptista da Silva, "processo está ligado à idéia de pro-

---
[61] Enrico Allorio, *in Diritto Processuale Tributario*, p. 34.

cesso judicial, correspondente à atividade que se desenvolve perante os tribunais para obtenção de tutela jurídica estatal".[62] Observando as devidas proporções entre os ordenamentos jurídicos apontados (e suas localizações no tempo), a ilação natural indica que a "autotutela" é a atividade do Fisco tendente a submeter o sujeito passivo à vontade estatal. Todavia, parece mais ao nosso jaez, falarmos em submissão do Fisco à vontade da lei, naquelas hipóteses em que o contribuinte, no balcão da repartição ou após ter convencido o julgador administrativo, tiver atendida sua pretensão, do que uma autotutela propriamente dita. Não obstante essas ponderações, é oportuno registrar o pensamento de Allorio, quando diz que *"l'autotutela privata necessita, in definitiva, dell'adesione del soggetto passivo, e in caso di resistenza deve sottoporsi al controllo giurisdizionale, l'autotutela amministrativa e in ispecie tributaria può prescindere cosi da quell'adesione come da questo controllo"*.[63] Assim, nas hipóteses em que o contribuinte é flagrado com mercadoria desacompanhada de documento idôneo, dando azo à suspeita da falta de recolhimento do tributo, a apreensão da mercadoria é forma de "autotutela" praticada pela administração.[64] A par dessas considerações, e segundo o ordenamento jurídico italiano, Mario Alberto Galeotti Flori leciona que *"l'autotutela, como è noto, è il principio generale dell'annullamento d'ufficio degli atti amministrativi illegittimi per violazione di legge. (...) difesa delle proprie ragioni effettuata direttamente al di fuori della via giudiziaria"*, localizando-a no *"art. 68, comma 1, del DPR 27 marzo 1992, n. 287"* e *"art. 2 quater della legge 30 novembre 1994, n. 656"*.[65] Sob esse

---

[62] Ovídio A. Baptista da Silva, in *Curso de Processo Civil*, Vol. I, p. 9.

[63] Enrico Allorio, *op. cit.*, p. 35.

[64] A solução dada ao contribuinte é a busca da tutela jurisdicional fundada na Súmula 323 do STF: "É inadmissível a apreensão de mercadorias como meio coercitivo para pagamento de tributos".

[65] Mario Alberto Galeotti Flori, in *Il Principio Della Autotutela Tributaria Rivista di Diritto Tributario*, nº 12, pp. 657-660. *"Art. 68, comma 1, del DPR 27 marzo 1992, n. 287: Salvo che sia intervenuto giudicato, gli uffici dell'amministra-*

ângulo, diante do ato administrativo ilegal, autotutela é o ato praticado pela administração pública para anulá-lo. Assim, quer através do processo judicial ou de procedimento administrativo, os padrões legais prescritos deverão ser observados. Mais exatamente, o devido processo legal não deve ser negligenciado, sobretudo pela implicação de matéria constitucional e tributária, em que pese a cláusula *due process of law* claramente tratar de "noção de conteúdo variável".[66]

2.4.1. Mandado de segurança

O mandado de segurança é remédio judicial de larga utilização pelos contribuintes. Nos termos da Lei nº 1.533, de 31.12.1951, esta ação poderá ser utilizada quando "alguém sofrer *violação* ou houver justo *receio de sofrê-la* por parte de autoridade" (art. 1º). Naquela hipótese, a impetração tem alvo materializado, o ato foi

---

zione finanziaria possono procedere all'annulamento, totale o parziale, dei propri atti riconosciuti illegittimi o infondati con provvedimento motivato comunicato al destinatario dell'atto". "Art. 2 quater della legge 30 novembre 1994, n. 656: *Autotutela: Con decreti del Ministero delle finanze sono indicati gli organi dell'amministrazione finanziaria competenti per l'esercizio del potere di annullamento d'ufficio o di revoca, anche in pendenza di giudizi o in caso di no impugnabilità, degli atti illegittimi o infondati. Con gli stessi decreti sono definiti i criteri di economicità sulla base dei quali si inizia o si abbandona l'attività dell'amministrazione.*"

[66] Mas qual o verdadeiro sentido da cláusula *due process of law*? "O conceito genérico de *due process* jamais foi elaborado (...) deve continuar, insuscetível de confinamentos conceituais". Mesmo assim, sua literalidade denota um "sentido processual em sua tradição histórica (...) proibindo a infringência a direitos relativos à vida, liberdade e propriedade", constituindo-se em "instrumento hábil a amparar a expansão das limitações constitucionais ao exercício do poder legislativo federal e estadual". Antonio Roberto Sampaio Dória, *in Direito Constitucional Tributário e "Due Process of Law"*, pp. 30 e 33. A cláusula *due process of law* foi aplicada pela primeira vez, pela Suprema Corte americana no "caso Dred Scott"; naquela oportunidade foi considerado "inconstitucional o compromisso de Missouri, que concedia a liberdade aos escravos dos territórios recém-adquiridos na Louisiana. Isso porque a libertação dos escravos ofendia incontestavelmente o direito de propriedade de seus senhores", conforme Chaïm Perelman, *in Ética e Direito*, p. 664.

praticado e seus efeitos são sentidos; nesta, a impetração tem natureza preventiva. A respeito desta natureza, o extinto Tribunal Federal de Recursos - TFR pronunciou-se no sentido de que tal caráter (*preventivo*) cabe somente quando o "*ato exista*, embora ainda *não tenha gerado efeitos*",[67] havendo risco de "*iminente lesão* a direito líquido e certo"[68] (Os grifos não estão no original).

Nas demandas tributárias em que já existe o lançamento *ex officio*, o ato, *per se*, já está caracterizado, partindo daí a demonstração da liquidez e certeza de seu direito. Ocorre que, algumas vezes, poderá não existir o lançamento de ofício. Neste caso, uma de duas: ou o contribuinte já recolheu o tributo questionado em competência pretérita, podendo-se desdobrar quanto a tributos lançados por período certo de tempo, ou sua natureza é daquelas de trato sucessivo ou continuado, ou, ainda, em caso de novel contribuinte, é sua primeira exação. Relativamente à primeira situação, está a favor do contribuinte a certeza da iminência da repetição do ato, a um, pelo ato administrativo que determina à autoridade fazendária a sua prática, a dois, pela certeza da reprise. Na segunda, a iminência está caracterizada pela existência do mencionado ato administrativo (portaria, instrução, etc.) que determina à autoridade que efetue o lançamento (administração, fiscalização, exigência, etc.). A simples existência de ato administrativo[69] a disciplinar o tributo (no sentido largo da palavra), vincula a autoridade que hierarquicamente se subordina. Então, pensamos, intrinsecamente teremos a poten-

---

[67] TFR-Pleno, MS 114.369-DF, Relator Ministro Pedro Acioli, unânime, DJU 26.03.1987, p. 5.014, 1ª col.

[68] TFR-5ª Turma, AMS 112.033-SP, Relator Ministro Torreão Braz, unânime, Boletim do TFR 158/23.

[69] STF: "Se o decreto que regulamenta a lei, antes mesmo de sua aplicação prática, já constitui ameaça concreta contra o pretenso direito do recorrente, justifica-se a impetração contra ele" (MS nº 6.874, Relator Ministro Nélson Hungria, unânime, sessão plenária em 09.09.1959, Revista Forense, 196/126) *apud* Celso Agrícola Barbi, *in Do Mandado de Segurança*, p. 149.

cialidade do "ato" pressuposto do mandado de segurança, ou quem sabe algo mais do que a potencialidade e um pouco menos do que a efetivação. Neste caso, concluirá o contribuinte: Serei autuado! (Aí, a iminência é do lançamento de ofício, pois não haverá pagamento). Até decisão judicial em contrário, houve incidência da norma sobre o fato, e este submete-se àquela. A eficácia da norma possibilitou a incidência. Da relação jurídica, irradiaram-se efeitos. Todavia, o contribuinte não se resignou ou não se resignará. Agora, recebida a inicial e notificada a autoridade coatora, as informações da mesma se "contestar o mérito" consubstanciarão a "ameaça da prática do ato".[70]

Entendemos que, inobstante a suficiência do anteriormente elencado, a inexorável possibilidade do denominado mandado de segurança preventivo reside na eficácia do parágrafo único do art. 142 do CTN. O indigitado dispositivo diz: "A atividade administrativa de lançamento é vinculada e obrigatória, sob pena de responsabilidade funcional". Logo, a atividade administrativa do lançamento será perpetrada.

Nascido o fato jurídico tributário pela conjunção logicamente anterior entre norma e suporte fáctico, em face da incidência daquela sobre este, tal figura torna-se axiomática quanto à irradiação dos efeitos jurídicos. *Ipso facto* o lançamento será questão de tempo.

Quanto à oportunidade de impetração ou ao momento adequado, devemos ter presente que a impetração será possível (tirantes os requisitos explícitos da lei do mandado de segurança) enquanto não houver a inscrição em dívida ativa, a partir da qual não será mais cabível o remédio analisado, mas sim a ação anulatória do ato declarativo da dívida. Se a impetração não pode ser tão tardia, tampouco deverá ser prematura. Ocorre

---

[70] STJ-2ª Turma, REsp. 20.307-0-CE, Relator Ministro Antônio de Pádua Ribeiro, unânime, DJU 11.10.93, p. 21.305, 1ª col.

que, em havendo ato administrativo do lançamento, via de regra abre-se prazo para pagamento, ou defesa administrativa, a critério do contribuinte. Desta feita, fluindo o prazo para recurso, até ao instante do termo final, ou havendo impugnação, *ipso facto* suspendendo a exigibilidade do crédito tributário (art. 151, inc. III do CTN), não estará presente o pressuposto suficiente à impetração.[71] De outra parte, quanto à carga de eficácia, não há unanimidade na doutrina. Para Pontes de Miranda, a par da carga de eficácia preponderantemente (força) mandamental, poderá o mandado de segurança ter eficácia imediata condenatória (se houver violação) ou declaratória (se somente ameaça), e eficácia mediata constitutiva.[72] Já Celso Agrícola Barbi entende que se o "ato atacado for nulo" ou "anulável", a sentença de procedência terá conteúdo declaratório ou constitutivo, respectivamente. Porém, se a parte demitida pede "reintegração", a sentença de procedência será condenatória.[73] Ari Pargendler entende que o mandado de segurança impetrado antes do lançamento do crédito tributário ("modalidade preventiva"), "não ataca ato algum da autoridade fazendária, a sentença que concede a ordem tem natureza exclusivamente declaratória do direito a respeito do qual se controverte"; em contrapartida, o mandado de segurança impetrado para atacar "o crédito tributário está sujeito às regras do mandado de

---

[71] "Impossibilidade de utilização da via mandamental como substituto de embargos do devedor ou de ação anulatória de débito fiscal. Inscrita a dívida e prestes a ser ajuizada a execução, incabível o mandado de segurança para desconstituí-la"(TFR-Pleno, MS 88.098-DF, Relator Ministro Miguel Ferrante, maioria, DJU 15.05.89, p. 7.900, 1ª col.).

[72] Pontes de Miranda, *in Tratado das Ações*, Tomo VI, pp. 6 e 53. Divergindo dos Comentários ao CPC de 1939 e 1973, segundo aponta Celso Agrícola Barbi, porquanto nos Comentários, Pontes admite os efeitos declaratório e constitutivo. Parece-nos que o pensamento de Pontes está mais claro é no Tratado das Ações, pois em tópico próprio ao mandado de segurança ("ações mandamentais especiais"). Fica porém registrada a interpretação de Celso A. Barbi, *op. cit.*, p. 248.

[73] Celso Agrícola Barbi, idem, pp. 250-251. Inclusive o exemplo.

segurança na sua feição legal", *i.e.*, mandamental.[74] Seabra Fagundes, aponta as cargas declaratória, executiva, e certamente depreende-se de seu pensamento a não-exclusão do caráter mandamental.[75] Das cinco cargas de eficácia da sentença, verificamos a ligação da eficácia declaratória com a coisa julgada, cuja natureza será analisada no item 3.2.1. Acerca da possibilidade de sua existência no mandado de segurança, acreditamos não haver dificuldades; entretanto, é oportuno lembrarmos a inexistência de risco de eficácia normativa da sentença, ao contrário do que eventualmente possa parecer. Devemos, sim, aclarar o alcance da *res iudicata* para que sejam afastadas as ilações neste sentido. Queremos dizer, com isso, que entendemos a preocupação normalmente existente de se evitar uma eficácia normativa à sentença no *writ*, como um problema dos limites objetivos da coisa julgada, e não àquela, como verificaremos nos itens 3.2.3., 3.2.3.1., 3.2.3.2., e 3.2.3.4.[76]

---

[74] Palestra proferida pelo Ministro Ari Pargendler, na Faculdade de Direito da UFRGS, no Simpósio de Processo Tributário Administrativo e Judicial, em 20.10.1994.

[75] M. Seabra Fagundes, in *O Controle dos Atos Administrativos pelo Poder Judiciário*, pp. 304, 307 e 308.

[76] Isaac Pereira da Silva, de maneira insofismável, demonstra que "cada fato gerador (cada operação tributável) faz surgir uma relação jurídica autônoma entre o Fisco e o contribuinte. (...) Por isso mesmo, julgada uma relação jurídica tributária, tal fato não implica no julgamento das outras relações jurídicas obrigacionais, ainda que referentes ao mesmo imposto, ao mesmo contribuinte, com base na mesma lei. *A decisão não terá sido normativa*" (Os grifos não estão no original). *Apud* Tércio Sampaio Ferraz Jr., in *Coisa Julgada em Matéria Fiscal (Identidade de Objeto)*, Revista de Direito Tributário, p. 79. Sobre o assunto, ainda, Hugo de Brito Machado, in *Efeito Normativo da Sentença no Mandado de Segurança*, Repertório IOB de Jurisprudência, 1ª quinzena de maio de 1988, nº 9/88, pp. 131-133. Não descuramos de apontar a estreita ligação que este tema possui com a existência da cláusula *rebus sic standibus* nas sentenças, que mencionamos na nota de rodapé nº 192 no Capítulo 3.2.3.1. Por tratar-se de uma questão processual, transcendendo a área do Direito Tributário, encontramos a preocupação com o assunto, no seguinte Acórdão: "A sentença normativa, nos conflitos coletivos de natureza econômica, é sempre proferida *rebus sic standibus*, e, portanto, passível de revisão periódica, revelando uma característica toda especial. Não fosse assim e se estivesse sob o rígido selo da coisa julgada, jamais poderia ser

2.4.2. Ação ordinária

Na rotina forense, deparamo-nos constantemente com ações declaratórias propostas contra o Fisco. Buscam, via de regra, a declaração de inexistência de relação jurídica entre Fisco e contribuinte, relativamente a determinadas exações, em específicas circunstâncias. O amparo legislativo processual (art. 4º do CPC) enseja ação declaratória de existência ou inexistência de relação jurídica, e no tocante à autenticidade ou falsidade de documento, não excluindo sua utilização quando o direito já houver sido violado. Das hipóteses legislativas, retromencionadas, destaca-se, em matéria tributária, a utilização da negativa, conforme já ressaltamos. A essa junta-se a possibilidade de manejo da ação declaratória incidental, nos termos do artigos 5º e 325, ambos do CPC.

A sua utilização está diretamente vinculada à sua força. Depreende-se, dessa ação, que sua eficácia preponderante é a declaratória, haja vista almejar uma decisão, com força de coisa julgada, sobre o "ser" em si. Aqui a declaração ultrapassa as demais cargas de eficácia, e muito mais do que nas outras ações, quando a encontramos. Sua natureza ontológica perquire as entranhas do "ser" ou do "não-ser", explicitando-os; "só se pede que se torne *claro* (de-clare), que se ilumine o

revista em decorrência da flutuação dos níveis sociais e econômicos do país ou de determinada região. Assim, muito embora a sentença normativa também tenha a eficácia de coisa julgada, essa eficácia é limitada no tempo: até que seja substituída por outra norma coletiva de trabalho de igual nível e abrangência, ou decorra o prazo de sua vigência. A sentença normativa, a convenção coletiva e o acordo coletivo são normas que têm a mesma hierarquia jurídica, diferindo quanto à fonte de produção. Assim, o acordo coletivo celebrado após a sentença normativa, em substituição a esta, embora na vigência desta, é que passa a regular inteiramente a matéria que visa a estabelecer normas e condições de trabalho, aplicáveis às relações individuais de trabalho. Aplica-se, aqui, o mesmo princípio inserido no art. 2º, da Lei de Introdução ao Código Civil, ou seja, toda norma coletiva vigora até que outra com a mesma abrangência e hierarquia a modifique ou a revogue" (TST, Recurso de Revista 40.059/91, Relator Ministro Indalécio Gomes Neto, DJU 05.11.1993).

recanto do mundo jurídico para ver se *é*, ou *não é*, a relação jurídica de que se trata", se existe ou não existe. "Não importa se a relação jurídica é básica, ou intrajurídica (eficácia de outra)".[77] Determinada pessoa, diante da práxis fiscal de exigir tributo quando de fato específico face à lei inconstitucional, estará legitimada à propositura de ação declaratória, com o intuito de obter sentença que declare a inexistência de relação jurídica entre ela e o Fisco. Julgada procedente a ação, haverá preponderantemente um "enunciado de fato" negando a existência daquela relação jurídica (e não, se houve ou deixou de haver "violação do direito, da pretensão, da ação, ou da exceção") ou improcedente, pelo fato de o magistrado ter declarado a "pretensão prescrita". Busca-se dirimir a incerteza jurídica. Se o mesmo contribuinte desejar, além da declaração, uma restituição do indevido, é perfeitamente possível cumular ambas. Ao contrário, se pretender fixar questão controvertida, condicionante da questão principal, abre-se a porta da ação declaratória incidental anteriormente mencionada.[78]

A ação declaratória não tem o condão, *per se*, de afastar a exigibilidade do tributo em comento, havendo necessidade, para tal, de outras providências. Poderá cumular-se ação anulatória com depósito, ou simplesmente efetuar depósito nos termos do art. 151, inc. II do CTN, no próprio processo. Outra situação seria na arrematação, ou na partilha, pois "sempre que a eficácia sentencial se liga a fato de que resulta dívida de imposto ou taxa, tem-se de pagar, antes da sentença, o tributo devido. (...) Na arrematação, o imposto só se torna devido com o ato que torna definitivo o ato. Na partilha, já se supõe a atribuição anterior, a causa de morte, da propriedade. Assim, "pagam-se os impostos e as taxas",

---

[77] Pontes de Miranda, in *Tratado das Ações*, Tomo I, pp. 118-119.
[78] Pontes de Miranda, in *Tratado de Direito Privado*, Tomo II, pp. 5, 6, 30, 43 e 93.

sujeitos à repetição, ou se depositam no processo em que se persegue a declaração.[79] Quando o contribuinte busca a via da ação de repetição de indébito tributário, muitas vezes é pela notícia tardia de ter recolhido tributo indevido. Isso significa que parte de seu patrimônio diminuiu, tendo em vista o ato de transferência de determinada quantia para os cofres públicos. Nas hipóteses em que o primado da constitucionalidade e legalidade predominaram, a transferência foi justificada. Contudo, nas hipóteses de repetição de indébito dá-se o inverso, é injustificada a translação ocasionadora do enriquecimento estatal. E, sublinhe-se, "enriquecimento injustificado", e não "enriquecimento sem causa ou ilícito" que, na preferência acertada de Pontes de Miranda, é "expressão mais larga", que vincula à existência da mesma uma "exigência de justiça comutativa".[80] Neste particular, deve ser registrada, ainda que superficialmente, a aproximação de Pontes de Miranda com o pensamento aristotélico-tomista. Disse-nos Tomás de Aquino que, *"la restitución es un acto de la justicia conmutativa"*. Lembrando dito de Paulo em passagem bíblica, *"pagad a todos lo que les sea debido: a quien tributo, tributo; a quien impuesto, impuesto"*, explicita a busca da "igualdade absoluta ou aritmética" da justiça comutativa (*contrario sensu* a igualdade proporcional e geométrica da justiça distributiva). Também interessante na visão tomista de restituição é a identidade da mesma com a compensação que, em tempos atuais, alguma celeuma tem gerado. *"La restitución es como cierta compensación de lo que se ha substraído. (...) Restituir no parece ser otra cosa que poner de nuevo a uno en posesión o dominio de lo suyo. Por eso en la restitución hay una igualdad de justicia según la compensación de cosa a cosa, lo cual pertenece a la justicia conmutativa"*.[81]

---

[79] Pontes de Miranda, idem, Tomo II, p. 267.
[80] Pontes de Miranda, idem, Tomo XXVI, p. 120.
[81] Tomás de Aquino, *in Suma Teologica*, Tomo VIII, pp. 336, 381 e 390.

Retomando o pensamento de Pontes de Miranda, em havendo migração de valores do patrimônio do contribuinte em direção ao do Fisco, de maneira ilegal ou inconstitucional, estará o suporte fáctico apto a ingressar no "mundo jurídico para as *condictiones*, que são pretensões à repetição".[82]

Com base no art. 165 do CTN e seus incisos, poderão ocorrer várias das hipóteses lá mencionadas, ensejadoras da *condictio indebiti*. Exemplificativamente, seria o caso de contribuinte que pagou tributo que acreditava devido, e alertado, relativizou a exigência estatal em sede de ação repetitória. A sentença acolhe a pretensão do sujeito passivo da relação jurídico-tributária, face à inconstitucionalidade da exação. Não há dúvida, diz Pontes, de que "se se trata de prestação de direito público, *e.g.*, pagamento de impostos, que a sentença reputa contrárias à constituição, cabe a ação de enriquecimento injustificado contra a Fazenda Pública".[83]

Os incisos I e II do art. 165 do CTN, ao mencionarem o pagamento e o erro quando do recolhimento do tributo, trazem como suposto lógico o componente voluntarista do ato praticado pelo contribuinte. Nesses casos, o "prejudicado volente" dá causa "ao enriquecimento de outrem" (o Fisco). O suposto voluntarista deriva do fato de que ao contribuinte é dada a via mandamental, por exemplo, caso não deseje pagar o tributo. No particular, a causa dada pelo contribuinte, diante da nódoa, está comprometida em sua gênese, refletindo sua teratologia na eficácia e validade normativas. A pretensão à repetição exsurge do fato de que "quem paga o que não deve, quis pagar o que acreditou (erro) existir; se não existia a dívida, a vontade dirigiu-se

---

[82] Pontes de Miranda, *in Tratado de Direito Privado*, Tomo XXVI, p. 120. Essas são, via de regra, as ocorrências em matéria tributária, porém o autor lembra que nem todos os enriquecimentos injustificados são contrários a direito, *v.g.* "avulsão ou no pastar do gado em terra alheia não fechada".

[83] Pontes de Miranda, idem, Tomo XXVI, p. 123.

a fim impossível, donde a *condictio indebiti*, ou pretensão a haver a repetição do que indevidamente se pagou".[84]

Outro aspecto é que a Seção III onde se situa o art. 165 do CTN, é encabeçada pela expressão "pagamento indevido", excluindo, assim, as hipóteses de repetição do que foi doado, dentre outras. Isso, pelas peculiaridades do Direito Tributário, ou mais acertadamente, pela natureza jurídica do tributo e formas de extinção do crédito tributário. O objeto da prestação da obrigação tributária principal é o pagamento, o que, se realizado, extingue o crédito. Doação é figura estranha ao jogo tributário. Dação é previsível, e, se ocorrer, a *condictio indebiti* dependerá das circunstâncias do caso, como seria em qualquer outra situação.[85]

Ainda sobre o "erro", tal é pressuposto à repetição do indébito, conforme inciso II do art. 165 do CTN, assemelhando-se ao art. 965 do CC, podendo concluir-se com Pontes de Miranda: "o que voluntariamente se presta, sabendo-se que não se deve, não pode ser repetido".[86] Neste caso, a prova é fundamental, e seu ônus é de quem pede, *i.e.*, do contribuinte (art. 333, inc. I do CPC). Até porque, no que tange à coisa julgada e sua eficácia preclusiva (conforme será visto nos itens 3.2.3. e 3.2.3.4), o contribuinte, na qualidade de demandante, deverá produzir todas as provas e alegar todos os fatos e questões relevantes à causa.

---

[84] Pontes de Miranda, idem, Tomo XXVI, pp. 123-124. E mais, "se o que recebeu, recebendo, violou regra jurídica cogente", e assim faz o Fisco quando sua pretensão se baseia em dispositivo inconstitucional ou ilegal (*e.g.*, contrariou o CTN), "a nulidade e ineficácia estão juntas, e cabe a *condictio ob turpem vel iniustam causam*". "É o pedido de repetição (de repetere, fazer voar para trás, pedir de volta ...)", p. 128.

[85] A observação quanto à expressão "pagamento indevido" é de Pontes de Miranda quanto ao Código Civil, e, *mutatis mutandis*, aplicável ao CTN. Idem, Tomo XXVI, p. 128.

[86] Pontes de Miranda, idem, Tomo XXVI, pp. 133 e 138. Na página 141: "O conhecimento de não dever é que exclui a condicção; não é o erro que a gera". Logo, o que a gera é a ignorância.

Essa ação será proposta quando houver "... *somma pagata in forza d'un'imposizione illegale*. (...) *somma pagata nell'erroneo presupposto dell'esistenza d'un'obbligazione tributaria* (...) *per errore di calcolo*",[87] e demais casos previstos no art. 165 do CTN, devendo estar a petição inicial acompanhada dos respectivos documentos probatórios da pretensão.[88]

Um problema que muitas vezes aflige o contribuinte é o das exigências do art. 166 do CTN, *verbis*: "A restituição de tributos que comportem, por sua natureza, transferência do respectivo encargo financeiro somente será feita a quem prove haver assumido referido encargo, ou, no caso de tê-lo transferido a terceiro, estar por este expressamente autorizado a recebê-la". Quaisquer das duas hipóteses ("haver assumido" ou "estar autorizado expressamente") deverão ser provadas pelo autor, sendo que tal requisito não destoa do art. 333, inc. I do CPC.[89]

O conteúdo axiológico da norma, certamente, está a preservar mais fortemente a vedação ao "enriquecimento injustificado",[90] também não deixando a descoberto o patrimônio público. Mas, os tributos cuja vocação possibilitam a transferência do ônus financeiro, não raramente ocasionam uma discussão baseada no que Alfredo Augusto Becker chamava de "sistema dos fundamentos óbvios".[91]

---

[87] Enrico Allorio, *op. cit.*, p. 162.
[88] Pontes de Miranda, *in Tratado das Ações*, Tomo I, p. 192, diz: "Ainda quando a lei fiscal exige que só se proponha a ação juntos os recibos de impostos, é de regra de nulidade, e não de regra de inexistência, que se trata. Como regra de inexistência estaria contra o princípio de que a lei processual contém a si mesma. Porém não se há de admitir, sem texto expresso, que a sanção seja a nulidade".
[89] "O ônus da prova incumbe: I - ao autor, quanto ao fato constitutivo do seu direito."
[90] "Enriquecimento injustificado, expressão mais larga do que enriquecimento sem causa ...", Pontes de Miranda, *in Tratado de Direito Privado*, Tomo XXVI, p. 120.
[91] Alfredo Augusto Becker, *op. cit.*, p. 10.

Quando pago indevidamente, IPI ou ICMS, escuda-se o Fisco pela força normativa do citado art. 166 do CTN, diante das investidas do contribuinte. E, naquilo que aparentemente seria um problema intransponível, seleta doutrina, e ao joeirar os elementos, auxilia em uma justa conclusão. Conforme demonstra José Morschbacher, a transferência do encargo financeiro em tributos como o ICMS ou IPI não é inexorável, basta que "razões de mercado" ou "livre arbítrio" prevaleçam.[92] Porém, a legitimidade do contribuinte quanto a essas matérias de fato deverão ser provadas por documento, testemunha/contribuinte de fato ("expressamente autorizado") ou perícia ("assumido o referido encargo"). Esta análise não poderá abstrair das Súmulas 71 e 546, ambas do Egrégio Supremo Tribunal Federal.[93]

Entendemos que o *quantum* de eficácia será descoberto pela análise de cada caso. A restituição pretendida envolve valor pago após a efetivação de lançamento tributário? Se positivo, a eficácia constitutiva negativa alcançará este ato administrativo, quer entendamos que o mesmo tenha eficácia declaratória (caso em que alcançará o próprio crédito diretamente), ou constitutiva.[94] Se negativo, não haverá ato administrativo a ser desconstituído, mas sim o próprio crédito tributário (na hipótese de seguirmos corrente doutrinária que entende que o

---

[92] José Morschbacher, in *Repetição do Indébito Tributário Indireto*, p. 51, por "razões de mercado" ou "livre arbítrio. Relativamente a tabelamento oficial, pp. 74-76, demais casos, pp. 67-80.

[93] Súmula 71: "Embora pago indevidamente, não cabe restituição de tributo indireto". Súmula 546: "Cabe a restituição do tributo pago indevidamente, quando reconhecido por decisão que o contribuinte *de jure* não recuperou do contribuinte *de facto* o *quantum* respectivo". Diz Paulo de Barros Carvalho, "a Súmula 71, evidentemente, está ultrapassada, e a 546 guarda sintonia com o mandamento do art. 166", *op. cit.*, p. 305.

[94] Para A.D. Giannini "*l'accertamento ha carattere dichiarativo*", in *Istituzioni di Diritto Tributario*, p. 157; contrapondo-se, aparece Juan Carlos Luqui, secundando Gaston Jèze, "*el acto administrativo tributario es un acto que debe producirse para hacer posible la recaudación, es decir, que aparezca el crédito que será cumplido en su pago por el contribuyente*", in *La Obligación Tributaria*, pp. 296-297.

crédito tributário é constituído quando de seu nascimento). Agora, havendo ou não o lançamento, a eficácia declaratória da sentença é *prius* (lógico) quanto à eficácia desconstitutiva, e *posterius* (lógico) será a eficácia preponderantemente condenatória à restituição. A força condenatória destaca-se das demais.

Na hipótese da necessidade de deconstituição de ato administrativo, *per se*, esta decorre da impossibilidade de se repetir o que não foi anulado, do contrário estar-se-ia pleiteando o devido. Ocorrida a anulação, indevida tornou-se a exação, abrindo caminho a *condictio*. Antes, porém, havia "dívida e obrigação" que deveriam ser solvidas, e como tais, efeitos do ato agora anulado. Causa suficiente havia: o direito e pretensão fiscal. Nesses casos de "ato jurídico anulado", Pontes de Miranda aponta a distinção entre *condictio ob causam finitam* (existiu e acabou) e *condictio indebiti* em que, com relação àquela "o ato jurídico anulável depende de decretação para que *não seja* e, por isso, não foi sem causa, mas pode vir a tornar-se sem causa, com a eficácia da sentença constitutiva negativa"; e esta, quando "se adota a concepção de que o ato jurídico é ato jurídico inválido e, potencialmente, *inexistente*, cuja 'anulação' depende de sentença"(O grifo é do autor). Acreditamos que tanto uma como outra geram efeitos práticos semelhantes com relação ao tema aqui proposto, *i.e.*, ambas dependem de sentença, e, tratando-se de repetição de indébito, haverá necessidade de desconstituição que represente um *prius* lógico. Naquela, para tê-la, haverá o interessado de ignorar o fim da causa; nesta, o contribuinte deverá ignorar a inexistência do crédito, o que exatamente ocorre nas demandas tributárias de repetição do indébito; "basta que o Estado haja fixado, unilateralmente, prazo para a solução, ou lançado imposto ou taxa e marcado prazo. Pode-se dizer que, ao solver, o contribuinte ou multado se reserva a ação contra a violação da Constituição, ou de lei, por parte da entidade estatal. O ato do Estado, ao intimar ou cominar por impostos, taxas, contribuições ou multas, ou é acorde com a Constituição e as leis, ou é abuso do poder, e tem-se de admitir contra ele a *condictio*".[95]

E, tendo a ação de repetição do indébito tributário eficácia (força) preponderantemente condenatória, bem como, inexistindo efeito executivo nas sentenças condenatórias contra a Fazenda Pública, o fato é minorado pelo sistema de requisições de pagamentos, precatórios.[96]

Por sua vez, a ação anulatória do ato declarativo da dívida, baseada no art. 38 da Lei nº 6.830, de 22.09.1980, tem como um de seus pressupostos básicos a existência de lançamento tributário. De outro ponto, não deve ser incluído dentre os mesmos o "depósito preparatório do valor do débito, monetariamente corrigido e acrescido dos juros e multa de mora e demais encargos", mencionado na parte final do dispositivo retro. Entretanto, se realizado, suspenderá a exigibilidade do crédito tributário, nos termos da Súmula 247 do extinto Tribunal Federal de Recursos, e da Súmula 112 do Egrégio Superior Tribunal de Justiça, combinado com o art. 151, inc. II do CTN.[97]

Podemos indagar a carga de eficácia da ação e respectiva sentença de procedência. Como base, encontraremos também aqui a eficácia declaratória referente ser indevida a exigência fiscal. A partir dessa premissa, a desconstituição opera-se quanto ao crédito tributário, ainda que o CTN indique, em seu art. 142, que o crédito será constituído pelo ato (procedimento, na linguagem

---

[95] Pontes de Miranda, *in Tratado de Direito Privado*, T. XXVI, pp. 135, 160 e 173.

[96] Pontes de Miranda, *in Tratado das Ações*, Tomo I, p. 210. Acerca de precatórios, v. art. 100 da CF; quanto a execução contra a Fazenda Pública, v. arts. 730 e 731, ambos do CPC.

[97] TFR, Súmula 247: "Não constitui pressuposto da ação anulatória do débito fiscal o depósito de que cuida o art. 38 da Lei nº 6.830, de 1980". STJ, Súmula 112: "O depósito somente suspende a exigibilidade do crédito tributário se for integral e em dinheiro".

prescritiva) administrativo do lançamento. Se olvidarmos a doutrina que apregoa o caráter declaratório do lançamento, seguiremos a linha de raciocínio de que o crédito tributário é constituído pelo ato/procedimento administrativo, e como tal a sentença de procedência o fulminaria, *per se*. Todavia, seguindo a via da natureza declaratória, haja vista a constituição do crédito tributário dar-se no exato momento do nascimento do fato jurídico, a desconstituição recairia sobre o próprio crédito.[98] Por fim, vale ressaltar que não se exclui a desconstituição de eventuais atos administrativos praticados em razão do tributo em si. Nos casos elencados, o desiderato foi a anulação do ato ou atos administrativos praticados pela autoridade fiscal, eivados do vício argüido.

A final, deve-se fazer uma breve, mas necessária, distinção entre a ação anulatória anteriormente explicitada, e aquela mencionada pelo art. 169 do CTN. Naquela, busca-se a anulação da constituição do crédito tributário, seja quando do nascedouro do fato jurígeno ou do ato/procedimento administrativo do lançamento. Nesta, a desconstituição almejada é a da decisão administrativa em procedimento de igual natureza que denegou a restituição pleiteada do tributo pago. Aqui, necessariamente, houve o contraditório e a ampla defesa, ainda que alguém possa considerar hipossuficiente. Lá, o pressuposto é o lançamento do crédito tributário.

2.4.3. Ação cautelar

Em inúmeros casos, a ação cautelar tem sido utilizada como forma de socorrer o contribuinte em determinadas situações em que, não fora esse instrumento, a espera pela tutela jurisdicional pretendida poderia não

---
[98] Paulo de Barros Carvalho, *op. cit.*, p. 250, "... o crédito tributário se constitui juntamente com a obrigação, e esta nasce com a ocorrência do fato jurídico tributário".

ser eficaz. Ou seja, determinadas situações poderiam concorrer para o esvaziamento do bem da vida perseguido; nesses casos, o art. 798 do CPC outorga possibilidade ao contribuinte de propor ação cautelar inominada.

Delineando o tema "tutela cautelar", Ovídio A. Baptista da Silva fixa os elementos formadores da obtenção do conceito: situação cautelanda, perigo de dano iminente e irreparável, e temporiedade, expressões que prefere a *periculum in mora* e provisoriedade, respectivamente, *fumus boni iuris* e admissibilidade da categoria das "ações e sentenças mandamentais".[99]

Inicialmente, diz o processualista, na "situação cautelanda" teremos oportunidade de constatar que a medida cautelar visa à proteção do direito em si (*rectius*: simples aparência), e não o processo. O direito do peticionário deverá estar em uma situação de "perigo de dano iminente e irreparável", necessitando para tanto de uma "segurança-da-execução" futura (do contrário, "execução-para-segurança", satisfaz, mas não assegura o que seria obtido adiante). A razão da "proteção cautelar" está nos "obstáculos opostos à dimensão dinâmica do exercício do direito", que é o "objeto da tutela cautelar". A partir da "tutela cautelar", estará assegurada a "realizabilidade do direito, não sua existência, como pura realidade normativa". Essa tutela cautelar deverá ser temporária, e não, provisória: a esta se contrapõe o definitivo. Para Ovídio, a temporariedade decorre do imperativo de que não deve ter "sua duração determinada pela emanação de uma providência que as substitua, mas haverão de durar enquanto dure o estado perigoso, e não mais". A possibilidade de existência do direito e sua circunstancial ameaça serão apreciadas na "cognição sumária e superficial" (*fumus boni iuris*) em que se apresenta a ação. Esta característica excluirá, *ipso facto*, a formação de coisa julgada. A existência de um ser quase volátil não se coaduna com a perenidade da coisa

---
[99] Ovídio A. Baptista da Silva, *in Curso de Processo Civil*, Vol. III, pp. 27-50.

julgada (ou dito de maneira mais adequada, a ausência de coisa julgada não impede que a decisão seja definitiva, *e.g.* o parágrafo único do art. 808 do CPC, *verbis*: "Se por qualquer motivo cessar a medida, é defeso à parte repetir o pedido, salvo por novo fundamento"). A eficácia declaratória é insuficiente à formação do caso julgado, cuja força é mandamental. Essa afirmação não contraria aquela que detecta a existência de coisa julgada nas sentenças que julgam as "ações sumárias satisfativas autônomas", como aconteceu no "Plano Collor", quando se buscava judicialmente o desbloqueio dos valores retidos perante o Banco Central do Brasil.[100]

2.4.4. Consignação em pagamento

O Código Tributário Nacional, em seu art. 164, contempla as hipóteses possíveis de consignação do

---

[100] Ovídio A. Baptista da Silva, idem, Vol. III, pp. 27-50, e 148. Diz, ainda, "... à ação 'cautelar' para obter a liberação dos cruzados (...), ninguém poderá duvidar de seu caráter rigorosamente satisfativo e definitivo, a dispensar uma ação principal posterior, que onere o autor. Em verdade, bem examinadas as coisas, a decisão que, sob a forma de liminar, houver ordenado a liberação dos cruzados, nas circunstâncias descritas, constitui desenganadamente uma sentença de mérito, que nem mesmo é provisória. Com efeito, a entrega do numerário reclamada pelo autor, é sem dúvida, definitiva e, além disso, escudada em juízo declaratório, sobre a inconstitucionalidade da medida governamental, determinante da retenção dos cruzados. Além disso, os efeitos dessa liminar são definitivos e irreversíveis, pois o bem jurídico que a União Federal, no caso, pretendera proteger (o recrudescimento do processo inflacionário) estaria irremediavelmente comprometido por essa sentença liminar. (...) a medida liminar, dita 'cautelar-satisfativa', por meio da qual o juiz ordenara que o Banco demandado liberasse os cruzados retidos por ordem da União Federal, é definitiva, enquanto produtora de efeitos irreversíveis. (...) tudo o que se disse a respeito da ausência de coisa julgada na sentença cautelar não tem aplicação para as sentenças que julgam as ações sumárias satisfativas autônomas". Continuando com o exemplo do "Plano Collor", segue o autor, "... o juiz poderia, na ação sumária, supostamente cautelar, reconhecer e proclamar a inconstitucionalidade da medida decretada pela União, por lhe parecer evidente - e não apenas aparente - o direito do autor, assim como poderia conceber a sentença como provimento de natureza provisória, a ser depois confirmado ou não por outra sentença, caso em que a medida liminar assumiria, no plano normativo(!), a condição de uma provisão não definitiva", pp. 56, 57 e 150.

crédito tributário, a começar pela recusa pura e simples do recebimento deste, ou pela subordinação do mesmo ao pagamento de outro tributo. A relação subordinante pode-se dar, ainda, em razão de alguma penalidade ou cumprimento de obrigação acessória, em qualquer hipótese, não necessariamente que o Ente público tributante tenha de ser o mesmo. Relativamente à carga de eficácia preponderante da ação de consignação, a mesma é declaratória.[101] Quanto à hipótese de subordinação do crédito tributário ao pagamento de outro tributo, em passado recente, tínhamos a exigência pela fiscalização federal da comprovação de recolhimento de ICMS quando do despacho aduaneiro de mercadorias importadas.

Prosseguindo, o art. 164 do CTN prevê, ainda, o cabimento da consignação do crédito tributário quando este for subordinado ao "cumprimento de exigências administrativas sem fundamento legal", não limitando a obrigações principais ou acessórias.

E, por último, caberá consignar o crédito tributário quando mais de um Ente público tributante exigir "tributo idêntico sobre um mesmo fato gerador". Como "tributo idêntico", teremos aquele que guarda semelhança relativamente ao próprio fato gerador, conforme leitura do art. 4º, *caput*, do CTN, e de sua base de cálculo, considerando-se uma interpretação sistemática.[102]

---

[101] Ovídio A. Baptista da Silva, in *Procedimentos Especiais*, p. 14; e Pontes de Miranda, in *Tratado de Direito Privado*, Tomo II, p. 171.

[102] Neste sentido, a lição de Paulo de Barros Carvalho, *op. cit.*, pp. 23-24. Acerca da expressão "base de cálculo", não é demais lembrar o saudoso mestre Geraldo Ataliba, que propugnava a preferência da acepção "base imponível" a de "base de cálculo", conforme se depreende de seu texto a seguir: "A perspectiva dimensional da hipótese de incidência se costuma designar por base de cálculo ou base imponível. Optamos decididamente por esta segunda designação, rejeitando a primeira deliberadamente. É que a base imponível é ínsita à hipótese de incidência. É atributo essencial, que, por isso, não deixa de existir em caso algum. Ora, acontece que em inúmeras taxas não há cálculo algum a ser feito, assim como em alguns - embora raros - impostos. Há, portanto, muitos casos de tributos cujo lançamento (*accertamento*) não envolve a necessidade de nenhum cálculo. Não obstante, estes tributos têm, em sua hipótese de incidência, base imponível. Este nome, por

Para exemplificar a última hipótese, em que dois Entes tributantes exigem "tributo idêntico" relativamente a mesmo fato gerador, mencionamos as empresas cuja portaria armada é constituída por funcionários próprios, e cujo objeto social é estranho à área de segurança. Em face dessa característica ("portaria armada") é perfeitamente compreensível que o administrado se submeta ao poder de polícia do Estado, ou à prestação do serviço de expedição de alvará, conforme exigência administrativa, abstraindo-se neste último caso (prestação de serviço de expedição de alvará) se tal é possível. Entretanto, a questão é de competência. Quem exige, tem de ter competência oriunda do texto constitucional.

Na espécie, a União Federal com base no art. 17, parágrafo único, e Tabela de Taxas anexa à Lei nº 9.017,[103] de 30.03.1995, avocou a si competência para a cobrança de "taxas pela prestação dos serviços ..." de "10-expedição de alvará de funcionamento de (...) empresa que mantenha segurança própria". Por seu turno, o Estado do Rio Grande do Sul[104] baseia sua cobrança através da Lei (Estadual) nº 8.109, de 19.12.1985, para atingir o mesmo objetivo. Em síntese, a disputa entre União Federal (Polícia Federal) e Estado do Rio Grande do Sul (Brigada Militar) é quanto à competência emanada do texto constitucional. Essa disputa não pode atingir a segurança jurídica do contribuinte, que buscará tutela judicial amparado no art. 164, inc. III do CTN c/c art. 895 do CPC. Aí, definida a competência, o valor consignado

---

isso, nos parece mais apropriado. Não parece adequada a designação *base de cálculo*, quando há tributos cuja determinação quantitativa independe de cálculo e cuja *base*, portanto, não pode ser corretamente designada como "de cálculo" (além dos impostos fixos, isto se dá com a maioria das taxas)." José Geraldo Ataliba Nogueira, *in Hipótese de Incidência Tributária*, p. 113.

[103] Alterou a Lei nº 7.102, de 20.06.1983 e a Lei nº 8.863, de 28.03.1994.

[104] O Estado do Rio Grande do Sul baseia-se, ainda, no arts. 2º e 5º do Decreto (Estadual) nº 35.593, de 04.10.1994; Decreto (Estadual) nº 88.777, de 30.09.1983; arts. 1, 30, 31, 32, 38, e 52, todos do Decreto (Estadual) nº 1.592, de 10.08.1995.

será convertido em renda do eleito, reputando-se efetuado o pagamento. Contrario sensu, o valor consignado relativamente ao Ente público incompetente poderá ser levantado pelo contribuinte mediante alvará judicial. Encontraremos tais tópicos na sentença, cujo trânsito em julgado estará delimitado quer objetiva, quer subjetivamente.

2.4.5. Ação de execução

O ordenamento jurídico oferece ao Fisco a execução de seus créditos via aplicação da Lei nº 6.830/80, que tem no CPC a subsidiariedade à eventualidade de lacunas. De manejo rápido, dita execução admoesta o contribuinte não só pela impossibilidade de obtenção de certidão negativa (antes de garantida a execução), como pelo embaraço da própria demanda, partindo-se do suposto crédito líquido e certo. Em contrapartida, ao contribuinte é reservado o caminho tortuoso do precatório (art. 100 da CF) iniciado pela fórmula do art. 730 do CPC.

Araken de Assis aponta de forma direta a desproporção da execução dos créditos tributários, com a ação pertencente aos contribuintes. "O espírito caviloso que anima o Estado brasileiro se desnuda facilmente no tratamento diferenciado que confere, de um lado, ao crédito da Fazenda Pública e, de outro, ao crédito contra a Fazenda Pública. Investiu-se o Estado, no primeiro caso, de um procedimento com inúmeras e radicais simplificações, algumas de duvidosa constitucionalidade, e no qual os expedientes hábeis à rápida realização do crédito, aliás princípio comum a qualquer execução, baralham-se a privilégios descabidos e injurídicos. Quando, porém, se situa no pólo passivo da obrigação, antolha ao seu desventurado credor os maiores obstáculos, martirizando-o na fila do precatório."[105]

---
[105] Araken de Assis, in *Manual do Processo de Execução*, Vol. II, p. 720.

O valor a ser expropriado do patrimônio do contribuinte ocorrerá a partir do livre trânsito da execução, ou após removidos os embaraços opostos judicialmente pela parte contrária. Entretanto, procedente a ação incidentala[106] interposta pelo sujeito passivo da relação tributária, esvaziada estaria a demanda executiva.

No processo de execução, diz Allorio, "*la lite dipende invece da insoddisfacimento della pretesa. (...) L'azione esecutiva tributaria è azione d'espropriazione, tendente alla liquidazione in danaro d'una porzione del patrimonio dell'obbligato, per attuare un'obbligazione di contenuto pecuniario, quale é appunto l'obbligazione d'imposta*" (O grifo está no original).[107]

No caso de execução, em que o contribuinte citado indica bem à penhora e não oferece embargos, concluído o processo, o sujeito passivo da relação jurídico-tributária "conserva a pretensão pelo enriquecimento injustificado" (salvo disposição em contrário) nas hipóteses de "tributo indevido". Ou seja, nada impedirá o contribuinte de demandar o Fisco, posteriormente, através da repetição de indébito.[108]

2.4.7. Ação Direta de Inconstitucionalidade - ADIn e Ação Declaratória de Constitucionalidade - ADC

Ambas as ações previstas no art. 102, inc. I, alínea *a*, da CF, servem de instrumento de controle da constitucionalidade pelo sistema concentrado.

A ação declaratória de constitucionalidade foi incorporada ao texto constitucional através da Emenda

---

[106] Os embargos a ser ofertados pelo executado obedecerão ao art. 16 da Lei nº 6.830/80, como ação de conhecimento, contêm algumas peculiaridades previstas nesta legislação. Relativamente à carga de eficácia da ação e correspondente sentença classifica-se com as demais condenatórias.

[107] Enrico Allorio, *op. cit.*, pp. 128 e 164.

[108] Pontes de Miranda, *in Tratado de Direito Privado*, Tomo XXVI, p. 172.

Constitucional nº 3, de 17.03.1993. Sua decisão possui eficácia *erga omnes* e efeito vinculante, nos termos do § 2º do art. 102 da CF (o que lembra o *stare decisis* do sistema norte-americano, segundo o Ministro Carlos Velloso).[109] Sabemos que, quando de seu advento, foi questionada a sua constitucionalidade, a que foi, no entanto, confirmada, por maioria, na Questão de Ordem incidente na Ação Declaratória de Constitucionalidade nº 1-DF.[110] Na mesma oportunidade, também por maioria, ficou estabelecido que o procedimento apontado no voto do Relator Ministro Moreira Alves (a mesma disciplina da Ação Direta de Inconstitucionalidade) seria aplicado à novel ação, adaptando-se suas características.

Ainda, quanto à natureza da Ação Declaratória de Constitucionalidade, o Relator Ministro Moreira Alves, ao proferir o seu voto, revelou tratar-se de um processo objetivo (que visa "ao interesse genérico de defesa da Constituição em seu sentido mais amplo", e não a um processo subjetivo, "processo *inter partes*, para a defesa concreta de interesses de alguém juridicamente protegidos"), "unilateral, não-contraditório, sem partes, no qual há um requerente, mas não há necessariamente um requerido".[111]

O sistema de controle da constitucionalidade, desde a Carta de 1891, limitava-se ao controle difuso (*incidenter tantum, inter partes*, cuja decisão passou a ter eficácia *erga omnes*, após suspensão da eficácia da lei pelo Senado Federal, a partir de 1934), sendo que o advento do controle concentrado (*erga omnes*, direto, abstrato) surgiu com a Emenda Constitucional nº 16/65 através da "representação de inconstitucionalidade".[112]

---

[109] Lex nº 214/JSTF, p. 63.
[110] Lex nº 214/JSTF, pp. 24-75.
[111] Lex nº 214/JSTF, pp. 40-42.
[112] Lex nº 214/JSTF, pp. 35 e 66.

2.4.8. Ação rescisória

Passamos, agora, ao remédio (cuja moldura legal é restrita) de que vários juristas têm lançado mão para a solução de problemas. A ação rescisória não pretende ressuscitar questões sepultadas pela *auctoritas rei iudicatae* e afastadas pela eficácia preclusiva. Tem, pois, vocação a ser manejada nos limites da lei processual.

Na ação rescisória, serão examinados os pressupostos de cabimento. A coisa julgada em si e sua eficácia preclusiva, se procedente a demanda, serão recolhidas no *iudicium rescindens*. Como diz Barbosa Moreira, chegar-se ao *iudicium rescisorium* signo é de remoção da coisa julgada no *iudicium rescindens*. Não mais existindo a coisa julgada material, com mais razão inexistirá a eficácia preclusiva da mesma (*sublata causa, tollitur effectus*),[113] do julgamento. A partir do trânsito em julgado da decisão em ação rescisória, via de regra, não poderá ser renovada a demanda com base em fato alegável anteriormente mas não feito, o que não afasta ação rescisória de sentença proferida em ação rescisória, desde que ocorrida alguma das hipóteses dos arts. 485 ou 486, ambos do CPC.[114] Assim, observados os demais pressupostos, a ocorrência de, no mínimo, uma das hipóteses de incidência constantes dos dispositivos processuais mencionados, ensejará uma *causa petendi* ou mais, se mais de uma, ocorrendo, então cumulação de ações rescisórias.[115]

Admitida a ação rescisória, e considerando-se procedente o mérito da demanda, o magistrado rescindirá a sentença (*iudicium rescindens*), desconstituindo-a, pas-

---

[113] Barbosa Moreira, in *A Eficácia Preclusiva da Coisa Julgada Material no Sistema do Processo Civil Brasileiro*, p. 103.

[114] Pontes de Miranda, in *Comentários ao Código de Processo Civil*, Tomo VI, p. 378. "O que importa é que já haja coisa julgada formal", diz o autor, p. 215.

[115] Barbosa Moreira, in *Considerações Sobre a Causa de Pedir na Ação Rescisória*, *Temas de Direito Processual*, 4ª série, p. 205.

sando o magistrado a novo julgamento (*iudicium rescisorium*) se, pela natureza da demanda, houver necessidade. Poderia acontecer que a rescisão, *per se*, bastasse. Outros casos necessitarão, além da desconstituição da sentença rescindenda, um novo julgamento. E sentença rescindente que acolhe a argüição de "prescrição indefere, igualmente, o pedido de constituição, de condenação, de mandamento ou execução. Há, portanto, *rescisório implícito*".[116] Poderá a sentença rescindenda ser desconstituída por fundamento em "erro de fato". Neste caso, a rescisória teria reconhecido, "que se tenha admitido fato que não ocorreu, e para isso haja contribuído a atitude de (...) peritos ..." (ao *e.g.*, afirmar que o encargo financeiro do tributo foi transferido a terceiro, art. 166 do CTN, o que de fato não ocorrera.).[117] Admitindo-se o exemplo dado entre parênteses, contraria-se decisão do Egrégio Supremo Tribunal Federal, que considerou como erro de fato, "suscetível de fundamentar a rescisória", aquele passível de averiguação "mediante o exame das provas já existentes no processo, não aquele cuja correção requeira a produção de novas provas no juízo rescisório".[118] Logo, parece-nos que a hipótese anterior, entre parênteses, deveria tratar de laudo pericial conclusivo pelo não-repasse do ônus financeiro a terceiro (*e.g.* por razões de mercado) embora, na decisão, o magistrado, entendendo de maneira diversa, vincule-se à vocação do tributo, que é daqueles cuja transferência é ordinária.

O tema, ação rescisória, é bastante atual, máxime pelos pronunciamentos do Egrégio Supremo Tribunal Federal, relativamente ao PIS, Finsocial, Contribuição Social incidente quando do pagamento a administradores e autônomos, devida ao Instituto Nacional do Seguro

---

[116] Pontes de Miranda, *in Comentários ao Código de Processo Civil*, Tomo VI, p. 214.

[117] Pontes de Miranda, *in Tratado da Ação Rescisória, das Sentenças e de Outras Decisões*, p. 344.

[118] Voto do Ministro Octávio Gallotti, *in* RTJ 132/1.119 e 1.121 *apud* Theotonio Negrão, CPC, 28ed., 1997, p. 369.

Social, dentre outros. Questões, como a última, em que a expectativa de êxito era quase zero (tendo em vista maciça jurisprudência de primeiro e segundo graus de jurisdição darem ganho de causa à Autarquia Federal), e decisão do STF reverte a situação em favor dos contribuintes deixaram marcas indeléveis na história jurídica nacional. Casos houve de contribuintes que desistiram das demandas pela falta de expectativa, abrindo mão do prazo para recurso extraordinário, transitando em julgado decisão desfavorável.

A superveniência de decisão da Suprema Corte, declarando a inconstitucionalidade da exação, ainda que pelo controle difuso da constitucionalidade, *incidenter tantum* e *inter partes*, culminando na edição pelo Senado Federal de resolução que suspenderá a aplicação da norma em comento, cujos efeitos sejam *ex tunc*, irá possibilitar àquele contribuinte derrotado, e preenchidos os demais requisitos de admissibilidade à ação rescisória, que obtenha a rescisão do julgado e seja proferida nova decisão.

A Súmula 343[119] do STF não será empecilho (tampouco a Súmula 134 do extinto TFR), pois a própria Corte afasta da vedação divergência em torno de normas de natureza constitucional nas condições retromencionadas, cujos efeitos *ex tunc* são reconhecidos pelo Supremo Tribunal Federal, conforme Ada Pellegrini Grinover.[120]

---

[119] Súmula 343 do STF: "Não cabe ação rescisória por ofensa a literal disposição de lei, quando a decisão rescindenda se tiver baseado em texto legal de interpretação controvertida nos tribunais". Súmula 134 do TFR(extinto): "Não cabe ação rescisória por violação de literal disposição de lei se, ao tempo em que foi prolatada a sentença rescindenda, a interpretação era controvertida nos Tribunais, embora posteriormente se tenha fixado favoravelmente à pretensão do autor".

[120] Ada Pellegrini Grinover, *Ação Rescisória e Divergência de Interpretação em Matéria Constitucional, in* Cadernos de Direito Constitucional e Ciência Política, nº 17, RT, p. 59. No mesmo sentido, Sacha Calmon Navarro Coêlho, contudo, afirmando o impedimento por outra razão, *i.e.*, a existência de "Limites de Direito Material à Ação Rescisória na Área do Direito Tributário". Assim, ocorrido o pagamento, extinto está o crédito tributário, não por força de sentença trânsita em julgado, mas por comando existente no art. 156

Após todos esses passos, se porventura a parte não obtiver êxito, será o caso de examinar, então, a possibilidade de recurso extraordinário ou especial, não querendo significar a possibilidade de rejulgamento da própria ação.[121] Procuramos, neste capítulo, analisar algumas ações que, na área do Direito Tributário, têm sido largamente utilizadas. A partir delas chegaremos ao tema que nos propomos, mas antes é mister tratarmos da sentença.

---

do CTN, *status* é de Lei Complementar à Constituição. Da Impossibilidade Jurídica de Ação Rescisória de Decisão Anterior à Declaração de Constitucionalidade pelo Supremo Tribunal Federal no Direito Tributário, *in Cadernos de Direito Tributário e Finanças Públicas*, nº 15, São Paulo, RT, pp. 203 e 205. Outra questão que, não ação rescisória, porém envolvendo decisão que transitou em julgado contra o contribuinte e posterior Resolução do Senado Federal suspendendo aplicação, recebeu tratamento singular conforme noticiam os Cadernos de Direito Tributário e Finanças Públicas, São Paulo, RT, nº 15, pp. 314-316. No processo nº 88.0028481-7, 28ª Vara Federal, Seção Judiciária do Rio de Janeiro, a Juíza Federal Maria Teresa de Almeida Rosa Cárcomo Lobo pronunciou-se favoravelmente acerca do levantamento de depósitos judiciais, em processo com decisão transitada em julgado contra os interesses do contribuinte, baseando-se no fato de, mesmo tendo sido a Resolução do Senado Federal superveniente ao instituto, editada antes da conversão em renda da União. Neste caso, a conversão em renda da União dos depósitos judiciais, que estaria, conforme se observa, com força de coisa julgada, iria contrariar a Resolução senatorial, *verbis*: "Mas, ainda que assim se não entenda, a Resolução do Senado 49, de 10.10.95, ao nulificar os Decretos-Leis 2.445 e 2.449, obstaculizou a execução do Julgado, já que a efetivação, *in tempore*, da decisão judicial se faria, sob a égide daquela Resolução."

[121] "Ementa: Ação Rescisória. O acórdão recorrido julgou improcedente a ação rescisória com base na Súmula 343 desta Corte ('Não cabe ação rescisória por ofensa a literal disposição de lei, quando a decisão rescindenda se tiver baseado em texto legal de interpretação controvertida nos Tribunais') que diz respeito à questão processual infraconstitucional. Ora, esse fundamento processual infraconstitucional não é atacável, com base no art. 102, III, 'a', da Constituição Federal, por meio de alegação de que ele violou o disposto nos §§ 5 e 6 do art. 201 da Carta Magna, os quais dizem respeito ao mérito do que foi decidido no acórdão rescindendo, e não à decisão proferida no aresto recorrido que julgou a presente ação rescisória. Recurso extraordinário não conhecido."(RE nº 193315-1-RS, Rel. Min. Moreira Alves, STF, 1ª Turma, unânime, DJU 18.04.1997, p. 13.790, Seção 1). "Ação Rescisória. O recurso especial em rescisória não tem objetivo o rejulgamento da própria ação. Recurso especial não conhecido."(REsp. nº 88.766-GO, Rel. Min. Fontes de Alencar, STJ, 4ª Turma , maioria, DJU 22.04.1997, p. 14.430.

3. Sentença e coisa julgada

3.1. Da sentença

Após examinarmos a maior parte das ações disponíveis para discussão da matéria tributária, chegamos ao ponto almejado por todas as partes: a sentença.

Na demanda proposta, espera o autor o acolhimento de sua pretensão, o que será alcançado pela sentença de procedência. O diploma processual, através do art. 458, enumera os pressupostos estruturais da sentença, sem os quais ela será nula (relatório, fundamentos e dispositivo).

O magistrado, através dos sentidos, capta os elementos informativos e probatórios produzidos pelas partes, processando-os ao mesmo tempo que a operação intelectiva, carregada do conteúdo axiológico fornecido pelo sistema. A partir daí, o resultado será fixado no papel tal qual o dispositivo retro (relatório, fundamentos e dispositivo).

A consolidação da operação mental, materializada em sentença, apresenta-se como um silogismo, cujos elementos estruturais seriam: premissa maior (norma contida no dispositivo legal); premissa menor (o fato ou conjunto de fatos narrados e provados no curso do processo); e conclusão (a parte dispositiva). Não é objetivo do presente trabalho tratar sobre a elaboração da sentença, em sua dimensão mental ou material. Apenas lembramos que o raciocínio silogístico puro cedeu lugar a concepções modernas prestigiadoras da boa hermenêutica.

3.1.1. Efeitos da sentença

Quanto à classificação de ações e respectivas sentenças, aderimos à vertente doutrinária que as separa de acordo com as suas eficácias ("propriedade de ter força ou efeitos"). Declaratória, constitutiva, condenatória, mandamental e executiva, conforme a eficácia preponderante, o que pressupõe a inexistência de alguma com carga eficacial pura, sem nos atermos à rigidez da teoria da constante quinze de Pontes, para quem as cinco espécies de eficácias estariam presentes nas ações e sentenças.[122] Deixa-se frisante que tratamos basicamente de hipóteses de cognição completa, sem contudo afastar hipóteses diversas, harmonizando a eficácia predominante da sentença favorável à correspondente ação, tornando-as equivalentes em suas cargas de eficácias.[123]

Desta forma, em nosso trabalho teremos, por exemplo, ação declaratória com respectiva sentença (de procedência) declaratória e, como tal, pela chamada "força da sentença" cognominada de "eficácia preponderante", dela emanada, para contrastar com as eficácias imediata ("a que resulta da sentença, sem ser necessário qualquer novo pedido do vencedor") e mediata (futura, "concerne à questão prévia ou prejudicial ou à que enseja novo pedido") de cuja origem as mesmas procedem. Pontes de Miranda exemplifica com a ação de dissolução con-

---

[122] Pontes de Miranda, *in* Tratado das Ações, Tomo I, p. 124: "Não há nenhuma ação, nenhuma sentença, que seja pura". Sobre eficácia, força e efeitos, pp. 159 e 161. Porém, fica registrada a observação de Araken de Assis, *in Cumulação de Ações*, p. 76, de que não é pacífica a adesão no Direito Brasileiro, "de que cada sentença possui mais de uma eficácia".

[123] Pontes de Miranda, idem, Tomo I, p. 127.

tenciosa e liquidação de sociedade, ação de exibição de livro, de coisa comum, ou de documento. Todas, diz o mestre, têm "força executiva e eficácia imediata constitutiva". Força executiva, isto é, eficácia predominantemente executiva. Também, não há necessidade de nova ação para buscar a constitutividade, do contrário a eficácia seria mediata. Donde depreende-se, prossegue o jurista, que tanto a carga mediata do elemento declarativo, quanto do constitutivo, sempre estão "inclusas" nas sentenças, sendo apropriado dizer que somente necessitam de nova demanda, por estarem "exclusas", quando estiverem envolvidas as cargas de eficácia mediatas condenatória, mandamental e executiva (nos demais casos).[124]

Quanto à eficácia probatória da sentença, Pontes registra a dicotomia em anexa (depende de lei, lei intencionalmente cria os efeitos, ex. dissolução de sociedade face à decretação de falência; hipoteca judiciária) e reflexa (a vida cria os efeitos) (hipótese em que possibilita a "assistência", "chamada à autoria", "oposição de terceiro" e "recurso do terceiro prejudicado") aqueles "efeitos da sentença, *não anexados por lei*, mas tornados inevitáveis" (O grifo está no original). A "nexidade" é comum a ambos, "ali, propositada, aqui, ocasional".[125]

3.2. Da coisa julgada

3.2.1. Conceito. Coisa julgada formal.
Coisa julgada material.

A coisa julgada pode ser formal (quando já não mais permite a discussão de determinado ponto dentro do mesmo processo) ou material (será tratada neste

---

[124] Pontes de Miranda, idem, Tomo I, pp. 124, 135 e 159.
[125] Pontes de Miranda, idem, Tomo I, pp. 217-221.

trabalho e por enquanto é suficiente considerar como aquele fenômeno que impossibilita a renovação da discussão fora do processo, quando já decidida a demanda, atingindo, via de regra, somente as partes). Todavia, afirmar que a coisa julgada vale somente *inter partes*, ou ainda, que substancialmente seria esta a vocação do instituto, é fazer vistas grossas à teoria acolhida por nossos tribunais em matéria, *v.g.* de ação civil pública.[126]

Na Apelação Cível nº 95.04.26728-9/SC, depreende-se da ementa transcrita (em rodapé) o prestígio da coisa julgada *secundum eventum litis*. Ou seja, é característica da demanda proposta a produção de coisa julgada e eficácia *erga omnes*, tão-somente à hipótese de procedência da ação, pois em caso contrário, tal autoridade e eficácia não se desprendem da sentença. Porém, via de regra, e à luz da doutrina tradicional, a extensão da coisa julgada não é *secundum eventum litis*, mas *pro et contra*. Neste caso, a eficácia *erga omnes* pela procedência da ação civil pública resultaria do elemento constitutivo da sentença, e não da coisa julgada material.[127]

Contudo, em se tratando da dicotomia mencionada (coisa julgada formal e material) a partir do instituto em si, Barbosa Moreira considera-a inadequada. Mais precisamente, percebe que, "certa propensão a restringir-lhe assim o uso" (a expressão coisa julgada *tout court*) "vem-se manifestando, aliás, na doutrina moderna que desse modo reata, convém notar, a mais autêntica tradição romana. E, com efeito, em perspectiva filosófica, a *substancial* diversidade dos fenômenos parece contra-in-

---

[126] "Ementa. Direito Administrativo. Correção Monetária dos Depósitos do FGTS. 1. Não se configura a litispendência entre ação individual e ação civil pública em que discutidos direitos individuais homogêneos, eis que o julgamento desta última só produz coisa julgada de efeitos *erga omnes* se acolhida a pretensão e requerida a suspensão da primeira no prazo de lei. Precedentes da Corte" (AC nº 95.04.26728-9/SC, TRF 4ª Região, Relatora Juíza Federal Virgínia Scheibe, Turma de Férias, DJ 26.03.1997, p. 18.334, Seção 2).

[127] Pontes de Miranda, *in Tratado das Ações*, Tomo I, pp. 202 e 223.

dicar uma terminologia que limita ao *adjetivo* o sinal da distinção. Daí nossa simpatia pela tendência, que já se faz sentir na literatura pátria, a abandonar o *nomen iuris* de coisa julgada formal" (Os grifos estão no original).[128]

O instituto[129] jurídico da coisa julgada apresenta-se como um fenômeno de natureza processual que visa basicamente a segurança das relações jurídicas. Ou seja, questões decididas, que tenham sofrido a incidência das normas processuais atinentes ao caso julgado, passarão ao *status* de questões indiscutíveis (excetuadas as hipóteses de ação rescisória).

No dizer de Giuseppe Chiovenda, coisa julgada "...*en sentido sustancial consiste en la indiscutibilidad de la esencia de la voluntad concreta de la ley afirmada en la sentencia*".[130] Sabemos que não existe unanimidade quanto ao conceito específico de coisa julgada material, entretanto podemos captar perfeitamente o significado e sentido de tal instituto através das normas positivadas em nosso diploma processual que tratam da matéria.[131]

Diz o artigo 467 do Código de Processo Civil, *verbis*: "Denomina-se coisa julgada material a eficácia que torna imutável e indiscutível a sentença, não mais sujeita a recurso ordinário ou extraordinário."

Depreende-se do enunciado acima que a "coisa julgada material" seria uma eficácia. Eficácia da sentença possivelmente, porquanto posterior à sua prolação, cuja autoridade tornaria imutável e indiscutível o juízo

---

[128] Barbosa Moreira, *in Questões Prejudiciais e Coisa Julgada*, p. 62.

[129] Como diz Ruy Barbosa Nogueira: "São exatamente as normas girando em torno da mesma causa de fato, ou melhor, visando a regular as mesmas relações humanas, que formam um todo lógico, denominado *instituto jurídico*. Portanto *instituto jurídico é a disciplina integral da relação de fato, pelas normas objetivas do direito.*" in *Da Interpretação e da Aplicação das Leis Tributárias*, p. 3.

[130] Giuseppe Chiovenda, *in Principios de Derecho Procesal Civil*, Tomo II, Vol. 1, p. 412.

[131] Para Ludwig Wittgenstein, o sentido liga-se à proposição, enquanto o significado relaciona-se ao nome, que, conforme já visto, é um elemento simples da proposição, João da Penha, *in Wittgenstein*, p. 41.

decisório, desde que não mais sujeita (a sentença) a recursos. Para Allorio, "*la cosa giudicata è l'efficacia obligatoria della pronuncia giurisdizionale (...) determina non tanto un vincolo pei giudici dei processi futuri, quanto il regolamento sostanziale del rapporto controverso. Ciò vale anche pel processo tributario. Anzi, in tanto questo può definirsi processo giurisdizionale, in quanto si accetta che si formi, in esso, la cosa giudicata*".[132] Prossegue o processualista italiano, "*nell'àmbito giudirisdizionale si produce una conseguenza giuridica, estranea invece alla materia amministrativa (...) voglio dire la cosa giudicata*".[133]

Porém, não é esse o entendimento atual de processualistas que têm estudado o tema. Para Enrico Tulio Liebman, "a autoridade da coisa julgada não é efeito da sentença, como postula a doutrina unânime, mas, sim, modo de manifestar-se e produzir-se dos efeitos da própria sentença, algo que a esses efeitos se ajunta para qualificá-los e reforçá-los em sentido bem determinado".[134] Ademais, a imutabilidade não seria possível, pois os efeitos da sentença são perfeitamente modificáveis pela vontade das partes, conforme atesta Ovídio A. Baptista da Silva corroborado por Barbosa Moreira.[135] Ovídio entende como possível a definição de coisa julgada "como a virtude própria de certas sentenças judiciais, que as faz imunes às futuras controvérsias impedindo que se modifique, ou discuta, num processo subseqüente, aquilo que o juiz tiver declarado como

---

[132] Enrico Allorio, *op. cit.*, pp. 186-187. Quando Allorio afirma poder-se definir processo jurisdicional desde que se aceite sobre ele formar-se a coisa julgada, lembramos a advertência de Ovídio A. Baptista da Silva, levantando objeções à assertiva do mestre italiano, uma das quais de que, "no próprio processo declarativo (de conhecimento) há inúmeros exemplos de processos onde a sentença não é apta a produzir coisa julgada, como é o caso do processo cautelar", e nem por isso deixará de ser processo. *In Curso de Processo Civil*, Vol. I, p. 23.

[133] Enrico Allorio, idem, p. 580.

[134] Enrico Tulio Liebman, *in Eficácia e Autoridade da Sentença*, p. 40.

[135] Ovídio A. Baptista da Silva, *in Curso de Processo Civil*, Vol. I, p. 426.

sendo a 'lei do caso concreto'. (...) ou simplesmente sua indiscutibilidade, como julgamos preferível dizer".[136] Entretanto, Willis Santiago Guerra Filho, buscando questionar os pressupostos utilizados pela doutrina quando da análise do fenômeno "coisa julgada", entende que "definir a essência da coisa julgada como uma qualidade, de imutabilidade ou estabilidade, na esteira de Liebman, é incidir em grave erro filosófico, confundindo realidades diametralmente opostas, inconciliáveis, já que a qualidade dos entes, seus atributos, por definição, é exatamente o que lhes é acidental, e, logo, que não pertence a sua essência ou natureza." Continuando, Willis Santiago explica-se melhor: "isso não significa dizer que é errôneo considerar a coisa julgada como uma qualidade da sentença", como sabemos que Liebman considera, "incorreto é apenas identificar aí a sua natureza. Por isso é que não resta outra alternativa senão reconhecer estar-se diante de uma questão que foi hipostasiada, de um falso problema, que nos leva a procurar em vão por um fundamento concreto, uma substância, onde não há, uma vez que o referencial semântico da coisa julgada é outro signo lingüístico, a sentença. Essa sim é dotada de um referente palpável, que é o ato do órgão judicial de pronunciá-la".[137]

Não obstante o questionamento dos pressupostos à definição de coisa julgada, para o presente trabalho optaremos pela definição apresentada por Liebman e burilada por Barbosa Moreira e Ovídio Baptista.

3.2.2. Limites subjetivos

Visto o aspecto material da coisa julgada, abriremos agora espaço à observação dos ângulos subjetivo e objetivo, respectivamente.

---

[136] Ovídio A. Baptista da Silva, idem, Vol. I, pp. 416-417.

[137] Willis Santiago Guerra Filho, in *Reflexões a Respeito da Natureza da Coisa Julgada como Problema Filosófico*, Revista de Processo nº 58, pp. 245-246.

A partir do art. 472 do CPC, podemos desenvolver uma breve análise sobre o tema dos limites subjetivos da coisa julgada. A parte primeira do dispositivo processual, *ab initio*, fornece elementos para um contorno, em que no interior do círculo da coisa julgada em si, encontraremos somente as partes, não ultrapassando o instituto a fronteira além da qual se encontrarão os terceiros.

Assim, a natureza ontológica da coisa julgada, delineada pelo direito positivo, limita-a *inter partes*, vedando seu alcance *erga omnes*, o que não implica afirmar que os terceiros ficarão indenes (o que poderá até ocorrer) à sentença proferida entre Tício e Caio. Antes, porém, de refletirmos sobre este ponto, observamos que o segundo momento do art. 472 contém enunciado para as "causas relativas ao estado de pessoa", e estabelece que a citação dos litisconsortes necessários produzirá coisa julgada perante terceiros. Citados os litisconsortes necessários, "serão considerados em suas relações com o adverso como litigantes distintos", logo, deixando de ser terceiros.[138]

Do ponto de vista doutrinário, uma vez que nossas raízes se originam claramente na Itália, devemos registrar, como diz Pugliese,[139] a relevância de Chiovenda, também, quanto ao tema em comento. Sua análise da doutrina alemã propiciou uma aproximação com o pensamento italiano do qual pretendemos ser herdeiros. Entretanto, permitimo-nos, neste momento, lançar mão dos trabalhos de Liebman e do pensamento contemporâneo. Posto isso, e de volta à questão de a coisa julgada manifestar-se somente *inter partes*, mencionamos anteriormente que essa afirmativa não autoriza a conclusão

---

[138] Walter Ceneviva, in *Limites Subjetivos da Coisa Julgada*, Revista de Processo nº 21, pp. 68-69. O referido autor adere à tese de Rosenberg, de que determinados casos possibilitam a ampliação dos limites subjetivos da coisa julgada.

[139] Giovanni Pugliese, in *Giudicatto Civile*, Enciclopedia del Diritto, Vol. XVIII, p. 877.

de que os terceiros sejam afastados do alcance dos efeitos da sentença.

Em Ovídio A. Baptista da Silva, encontraremos didática análise tricotômica sobre o assunto. Aproveita-se, neste momento, exemplo por ele esboçado, da relação jurídica de locação que, uma vez reconhecida em sentença, poderá produzir efeitos no campo tributário: "Pode ocorrer que determinada regra jurídica tributária faça elemento de seu suporte fáctico a existência dessa relação jurídica de locação". Agregando alguns elementos ao exemplo dado, poderíamos estar diante das prestações de *leasing* pagas pela pessoa jurídica ao Banco, quando na condição de contribuinte do imposto sobre a renda, ao apurar o lucro real, lançasse como despesa dedutível as referidas parcelas. A eventual controvérsia entre contribuinte e Banco acerca do contrato de *leasing* que estabelece a validade do pactuado, convalidará o lançamento contábil (em contrapartida, lançada como receita do Banco), obviamente preenchidos os demais requisitos.[140]

Sobre a tripartição doutrinária, propriamente dita, Ovídio Baptista aponta os *terceiros* como (a) *juridicamente indiferentes*, porquanto "sujeitos de alguma relação jurídica compatível com a sentença", são atingidos pelos efeitos da mesma, "mas eles se mostram irrelevantes para atingir a relação jurídica de que o terceiro seja titular" (*v.g.*, "relação de crédito que vincula credor e devedor, nada sofrerá com a sentença que houver reconhecido a procedência de uma ação de nulidade de testamento"); (b) *juridicamente interessados*, atingidos pela coisa julgada, citando o exemplo dos "sucessores das partes (...) como os cessionários do direito litigioso e o substituído" (caso de substituição processual); e (c) *juridicamente interessados*, integrantes de relação jurídica autônoma ligados por "conexidade com a relação litigio-

---
[140] Ovídio A. Baptista da Silva, in Sentença e Coisa Julgada, p. 106.

sa" (*v.g.* "despejo do inquilino", reflete-se no "subinquilino"). Em (a) e (c) os terceiros não são atingidos pela coisa julgada, mas pelos efeitos da sentença, ao passo que em (b) na qualidade de "sucessores das partes", a coisa julgada lhes toca.[141]

Em síntese, apoiado em doutrina majoritária, deve ser afirmado que a coisa julgada manifesta-se (contra ou a favor) somente *inter partes*; ocorrendo alcance *erga omnes* tão-só com relação a alguns dos efeitos da sentença.[142]

3.2.3. Dos limites objetivos

A partir deste momento, a problemática da coisa julgada começa a interessar pelos limites de seu alcance. Dentre outras, poderíamos formular perguntas como: Quais são as fronteiras impostas pela lei a que o julgado está adstrito? Mais: O que é tocado pela autoridade de coisa julgada? As questões tratadas na demanda decidida ficam atreladas à força do fenômeno, neste caso ficando vedada a sua rediscussão?

João de Castro Mendes, após elencar diversos entendimentos, sumariou a doutrina através de uma dicotomia. De um lado, estaria o "sistema restritivo puro; de outro, o "sistema amplexivo puro". Aquele exclui a causa de pedir, transformada em fundamento da decisão, do alcance da *res iudicata*. Este, por sua vez, compreende o fundamento antes excluído da coisa julgada, quando veda a rediscussão em outro processo do já apreciado na decisão, em que pese ser nova demanda, novo bem da vida perseguido. Exemplifica o mestre lusitano, "se *A* pede a condenação de *R* a pagar *x* que lhe

---
[141] Ovídio A. Baptista da Silva, *in Curso de Processo Civil*, Vol. I, pp. 434-437. Igual divisão faz Enrico Tullio Liebman, *op. cit*, pp. 79-112; em especial p. 92.
[142] Ovídio A. Baptista da Silva, *in Sentença e Coisa Julgada*, p. 121.

emprestou, ou proveniente do preço de utensílios que lhe vendeu e ganha (transitando em julgado a sentença), por um sistema restritivo puro, *R* poderia num processo ulterior (...) sustentar que a sua dívida não procede de empréstimo válido ou de compra e venda de utensílios, mas sim de sentença injusta. Pela segunda solução, cada processo civil se converteria num poço sem fundo de conseqüências imprevisíveis". Ainda sobre ambos os sistemas, complementa, "*nenhum* e *todos* os fundamentos da decisão recebem força de caso julgado" (Os grifos estão no original).[143]

Contudo, insatisfeito com os extremos, e buscando uma síntese universal, Mendes sugere um "sistema intermédio", que seria caracterizado pela separação de "hipóteses em que os fundamentos têm força de caso julgado" e situações em que isso não ocorre, aliás, tarefa de difícil exeqüibilidade, segundo o próprio Castro Mendes. A solução por ele proposta tem a característica de distinguir entre caso julgado "absoluto" e "relativo". Quaisquer das duas hipóteses seriam subordinadas à proposição:[144] "*os pressupostos da decisão transitada em julgado são indiscutíveis como pressupostos da decisão, e só nessa medida*". Resulta assim que, "caso julgado relativo" seria terminologia adotada para as hipóteses de uma "afirmação" interagir com outra, e só nesta medida. Ao passo que "caso julgado absoluto" reserva-se à hipótese "*de uma afirmação que é caso julgado em si mesma*" (Os grifos estão no original).[145]

No que tange aos limites objetivos e alcance do caso julgado, nosso diploma processual, no artigo 468, diz:

---
[143] João de Castro Mendes, *in Limites Objectivos do Caso Julgado em Processo Civil*, pp. 121-123.

[144] Proposição como oração que expressa um juízo; e juízo como um ato mental. Nicola Abbagnano, *in Diccionario de Filosofia*, pp. 712 e 960. Como diz Ludwig Wittgenstein, "3.3 Só a proposição tem sentido; um nome só tem denotação em conexão com a proposição", *in Tratado Lógico-Filosófico*, p. 44.

[145] João de Castro Mendes, *op. cit.*, pp. 123, 152, 157, e 158.

"A sentença, que julgar total ou parcialmente a lide, tem força de lei nos limites da lide e das questões decididas".[146]

Esse dispositivo delimita o aspecto objetivo da coisa julgada de forma positiva. Ou seja, afirma quais são os elementos continentes tocantes à coisa julgada. Mais exatamente, a moldura legal do alcance da *auctoritas rei iudicatae*, face à decisão proferida. Por exemplo, considerando as expressões "nos limites da lide e das questões decididas", a definição das categorias envolvidas servirá como primeiro passo ao entendimento da figura normativa.

O presente estudo, na esteira da exegese do diploma processual que tem sido adotada, quanto à expressão *lide*, sedimenta-se no sentido fixado por Francesco Carnelutti,[147] como *"un conflicto (intersubjetivo) de intereses calificado por una pretensión resistida (discutida)"*; ou, "o conflito de interesses qualificado pela pretensão de um dos interessados e pela resistência do outro"[148] (Não

---

[146] Sobre a expressão "força de lei", diz Ovídio A. Baptista da Silva: "O entendimento de que a operação fundamental a ser realizada pelo juiz, ao proferir a sentença, seja a individualização da lei, aplicando-a ao caso concreto (concreção da norma), é uma idéia em geral aceita por todos os doutrinadores. O próprio Liebman que, como logo veremos, opõe-se à doutrina tradicional sobre a natureza da coisa julgada, admite que a sentença seja antes de tudo a 'lei do caso concreto." *in* Curso de Processo Civil. Vol. I, p. 418. Entretanto, impõe-se lembrar o pensamento de Pontes de Miranda, que diz: "Foi o Projeto italiano de Lodovico Mortara (1926) o responsável pelo estranho emprego da expressão 'força de lei' (*'forza di legge'*), no Código de 1939 e no de 1973. Por onde se vê como o erro de terminologia ou de conceito, que se comete num país, pode ir instalar-se no sistema jurídico de outro. O que se decidiu e chegou a ser coisa julgada impõe-se ao futuro, pela firmeza, estabilidade (necessária à ordem extrínseca), que se fazem indispensáveis para se pôr termo à vacilação, à dúvida, ou ao distúrbio, oriundos da instabilidade quanto à verdade intrínseca. (...) Por outro lado, a força julgada material impede as decisões contraditórias. Mas daí a se assimilar à força da lei a força da coisa julgada longa distância vai e a expressão do art. 468 do Código é, pelo menos, *inelegantia iuris*." *in* Comentários ao CPC de 1973, Tomo V, p. 152.

[147] Francesco Carnelutti, *op. cit.*, Vol. I, p. 28.

[148] Barbosa Moreira, *in Questões Prejudiciais e Coisa Julgada*, p. 108, evocando o *Sistema de Derecho Procesal Civil*, cita este conceito de lide do mestre italiano.

sendo objeto do presente estudo a análise crítica do conceito carneluttiano de lide, buscando uma redefinição ou leitura diversa do aqui apresentado, sentimo-nos descompromissados de utilizar mais linhas para isso). Não nos furtamos a acrescentar as palavras de Allorio em que, *"lite tributaria e processo tributario non sono termini perfettamente correlativi, poichè la lite tributaria può trovar composizione anche fuor del processo tributario. Ciò avviene tanto per la lite da incertezza, quanto per la lite da inadempimento: tanto, quindi, per il processo d'accertamento, quanto per quello d'esecuzione"*.[149]

Assim, lançando mão do conceito de lide antes mencionado, podemos ilustrar, em uma ação de repetição do indébito tributário, a razão da pretensão do demandante se baseia em inconstitucionalidade ou ilegalidade da exação. Temos, de um lado, o desejo do sujeito passivo da relação jurídico-tributária material em ver-se ressarcido do pagamento indevido e, de outro, o Fisco não concordando com tal pretensão. Ambos trarão ao processo suas razões, obviamente conflitantes, sendo que distribuição de justiça é expectativa de ambas as partes. Não será diferente na execução fiscal[150], quando a iniciativa processual do Ente público tributante, através de seu procurador, demonstra a não-satisfação de sua pretensão (de direito material) por parte do contribuinte inadimplente que, uma vez realizada a penhora, terá aptidão de propor a correspondente ação incidente, para fazer valer seu ponto de vista. Enfim, a divergência

---

[149] Enrico Allorio, *op. cit.*, p. 155.

[150] "O ato executivo, que é o resultado final a que tende todo o processo de execução por créditos, ou a uma forma de execução *lato sensu*, pode ser definido como o ato por meio do qual o Estado, através de seus órgãos jurisdicionais, transfere algum valor jurídico do patrimônio do demandado para o patrimônio do demandante, para satisfação de uma pretensão a este reconhecida e declarada legítima pela ordem jurídica." Esta a própria execução, enquanto "ação" executória é a "mera atividade tendente a realizar a execução". Ovídio A. Baptista da Silva, *in Curso de Processo Civil*, Vol. II, pp. 16 e 21.

de pretensões dará o contorno da matéria controvertida. Neste particular, a lide, anterior ao processo e levada a ele poderá ter sido apresentada no todo ou em parte. Ou, como diz Barbosa Moreira, "no processo, todavia, nem sempre aparece a lide em suas dimensões integrais: é lícito às partes deduzi-la apenas em algum ou alguns de seus aspectos, deixando de lado os restantes. Daí as noções de *processo integral* (em que se contém a *lide toda*) e *processo parcial* (que só contém *parte da lide*)"(O grifo está no original).[151] Poderia ser o caso do contribuinte, impressionado e desinformado quanto ao *démodé* princípio do *solvet et repete*, após ter prestado a exigência fiscal, demanda (na esfera "judicial") somente o principal, afastando *per se,* os juros que havia pleiteado (juntamente com o principal) sem sucesso, na esfera administrativa, em procedimento próprio.

Por sua vez, pode-se buscar a gênese do enunciado ("sentença que julgar total ou parcialmente a lide"), no art. 290 do Projeto Italiano de 1926, que dizia: "*La sentenza che decide totalmente o parzialmente una lite ha forza di legge nei limiti della lite e della questione decisa. Si considera decisa, anche se non sia risoluta espressamente, ogni questione la cui risoluzione constituisca una premessa necessaria della disposizione contenuta nella sentenza*". Esse (art. 290), por sua vez, abeberou-se na doutrina carnellutiana.[152]

De outra parte, o resultado também é elemento fundamental do discurso legislativo (art. 468 do CPC). Dito melhor, a *sentença* que decide a lide no todo ou em parte. Em essência, a *sentença* é todo ato de natureza jurisdicional que põe termo ao processo, decidindo ou

---

[151] Compreende-se, assim, a afirmação de Barbosa Moreira, de que "nem sempre a área coberta pela coisa julgada coincidirá com a lide, na sua totalidade", *in Questões Prejudiciais e Coisa Julgada*, p. 108.

[152] Barbosa Moreira, idem, pp. 107-108. "O art. 290 do Projeto revisto, (...), é com efeito reprodução *ipsis verbis* do art. 300 do Projeto preliminar de Carnelutti."

não o mérito da causa, conforme estatuído no artigo 162, § 1º, do Código de Processo Civil. Contudo, a que nos interessa no momento é a sentença de *mérito*, isso é, aquela que ponha fim ao litígio, e contemple a estrutura preconizada (onde forma e substância são inseparáveis) pelo diploma processual, nos incisos do artigo 458, que são: *relatório, fundamentos e dispositivo*, todos por seus próprios requisitos.

Buscando uma uniformidade conceitual, ainda que restrita ao necessário entendimento da presente exposição, impõe-se a explicitação dos pressupostos envolvidos. Relativamente aos *fundamentos*[153] (após o relato do magistrado), serão resolvidas as questões de fato e de direito deduzidas em juízo, culminando com o *dispositivo*,[154] que será a sede de resolução das questões levantadas pelas partes e submetidas ao juiz.

O autor, através da petição inicial, levará a juízo suas razões, buscando convencer o magistrado sobre os pontos e as questões por ele indicadas. Para isso, deverá, além dos fatos e fundamentos jurídicos, formular de maneira clara o seu pedido. O que foi elencado em juízo através da petição inicial recebeu um contorno exato na formulação do pedido. A prova disso é que o juiz nada poderá dar, que não seja nos estritos limites do pedido feito. O *thema decidendum* estará delimitado no próprio pedido formulado pelo demandante.

Por outro lado, a expressão, "força de lei", significando o resultado da subsunção da norma legal ao caso concreto (através do mecanismo próprio da sentença). A

---

[153] Em Direito Tributário, por exemplo, sobre as condições factuais em que ocorreu determinada exigência, pagamento; se houve repercussão do ônus financeiro, neste caso através da produção de prova pericial nos livros e documentos fiscais do sujeito passivo; e da constitucionalidade-legalidade ou não de determinada exação, respectivamente.

[154] Nas hipóteses de procedência do pedido: condenação do Ente público tributante em restituir o valor pago indevidamente; a desconstituição, fruto de ação anulatória; o mandamento para que determinada autoridade se abstenha de praticar determinado ato, etc.

origem do tema está em que ocorreu um fato cujos elementos estavam previstos na norma (*in abstrato*), tendo o suporte fáctico sofrido a incidência infalível da mesma. Inobservado o cumprimento espontâneo da regra de conduta pelo seu destinatário (sujeito de um dever), o titular do direito socorre-se do poder jurisdicional do Estado. Assim, o magistrado recebe a situação, que aqui tanto poderá ser o inadimplemento do contribuinte, quanto a pretensão (de direito material) do Fisco eivada de inconstitucionalidade, por exemplo. Em uma visão geral, temos que no processo de cognição,[155] após as fases postulatória e probatória, chegar-se-á à decisão, que será passível de execução. O que importa, neste passo, é que a decisão judicial deverá ser encarada como um ato revestido com igual poder de lei. Aplicada foi a regra ao caso concreto,[156] estando o vencido diante de um ato judicial com "força de lei".[157]

Ainda, no tocante às expressões nos *limites da lide* e das *questões decididas*, podemos considerar que, estamos diante de elementos fundamentais à delimitação do julgado. Considerando que, a partir de determinada ocorrência fática no mundo das coisas, e que tal evento esteja previamente tipificado no direito posto, dando então nascimento a uma relação jurídica (de natureza material), da qual surge direito subjetivo e que, porventura, seja este violado (como tal, por determinado sujeito

---

[155] Inserido aí - no processo de conhecimento - as ações declaratórias, constitutivas e condenatórias, que no dizer de Ovídio A. Baptista da Silva "são aquelas que confirmam e realizam o preceito contido no art. 463 do CPC, segundo o qual prolatada a sentença de mérito, '*o juiz cumpre e acaba o ofício jurisdicional*" (O grifo está no original), in *Curso de Processo Civil*, Vol. I, p. 118.

[156] Pode ser o Fisco vitorioso porque conseguiu a realização de seu crédito; ou o contribuinte exitoso, pois a pretensão fiscal era inconstitucional, face à inobservância do princípio da anterioridade. E, assim, multiplicadas ao infinito as possibilidades.

[157] Em que pese facilitar o entendimento, utilizarmos a expressão "sentença com força de lei", lembramos que foram destacadas sobre esse aspecto, em rodapé, duas concepções doutrinárias a respeito.

resistir em cumprir o seu dever em face do direito de outrem), teremos aí a lide (visto o conceito de lide nos exatos termos recebidos de Carnelutti).[158]

Merece especial atenção o objeto do litígio que, fixado na inicial, irá delimitar o julgado (ou mais exatamente, "a petição inicial é realmente o projeto da respectiva sentença, porém da sentença de procedência," como afirma Ovídio A. Baptista da Silva).[159]

O autor, em sua peça inicial, no *petitum*, fixa o ponto controvertido ou o objeto litigioso que, segundo Karl Heinz Schwab, "*es la petición de la resolución desinada en la solicitud. Esa petición necesita sin embargo en todos los casos ser fundamentada por hechos*" (Os grifos estão no original).[160] É o que sucede nas demandas de repetição do indébito tributário, cuja ação e respectiva sentença de procedência possuem eficácia condenatória, quando o autor baseado em fatos (*v.g.* pagamento indevido por inconstitucionalidade da exação), busca a condenação do Ente público tributante, no sentido de ver-se ressarcido em face das questões de fato e de direito demonstradas *ab initio* ou comprovadas *a posteriori* (documentos, perícia, etc.).

Conforme Thereza Alvim,[161] dentro dos limites em que a *lide* é apresentada, a mesma pode ser considerada o *mérito da causa* que, na terminologia alemã, corresponde a *objeto litigioso* (ainda, no dizer de Karl Heinz Schwab, "*todo proceso tiene un objeto en torno al cual gira el litigio de las partes (...) La pretensión procesal es el objeto litigioso (...) pero también de la resolución*"),[162] a respeito do

---

[158] Ou, para Liebman, "a existência do conflito de interesses fora do processo é a situação de fato que faz nascer no autor interesse de pedir ao juiz uma providência capaz de resolvê-lo". Enrico Tulio Liebman *apud* Ovídio A. Baptista da Silva, *in Curso de Processo Civil*, Vol. I, p. 88.

[159] Ovídio A. Baptista da Silva, *in Curso de Processo Civil*, Vol. I, p. 119.

[160] Karl Heinz Schwab, *in El Objeto Litigioso en El Proceso Civil*, p. 251.

[161] Thereza Alvim, *in Questões Prévias e os Limites Objetivos da Coisa Julgada*, p. 11.

[162] Karl Heinz Schwab, *op. cit.*, pp. 4-6.

qual haverá decisão. Evidentemente que, delimitada a lide da maneira que o autor se cingiu em requerer, jamais será cogitada a compensação do tributo, uma vez que a devolução não foi objeto de discussão. Contudo, entendemos restar em aberto, na fase de execução do julgado, a possibilidade de um encontro de contas através da compensação, com o que, após a mesma, dirige-se ao precatório pelo saldo, se for o caso. Tal assertiva não impede concluir que, mesmo em caso de improcedência da demanda, estará vedado ao contribuinte buscar em processo posterior, por exemplo, a compensação.

Da mesma forma, se uma das partes desejar decisão sobre a inconstitucionalidade ou não, da exação em si, poderá obtê-la, desde que não tenha havido anteriormente demanda declaratória *principaliter*. Neste caso, o caminho será via ação declaratória incidental (que ocasionaria "acréscimo de pedido novo", como diz Barbosa Moreira)[163] sobre a inconstitucionalidade ou não do tributo. Inclinamo-nos pelo entendimento dessa assertiva com base em nossa leitura contextual e na autorizada doutrina.

3.2.3.1. Das questões prévias, preliminares e prejudiciais

Antes de entrarmos diretamente no particular, e tendo recordado os elementos anteriores, passemos a analisar a expressão *questões decididas*, perseguindo inicialmente o seu significado e, ao final, atingindo o sentido do enunciado.

De maneira geral, a expressão "questão", *tout court*, denota algum grau de incerteza quando, como diz Ronaldo Cunha Campos, no decurso "do processo surge dúvida quanto às razões aduzidas pela parte. (...) Esta

---
[163] Barbosa Moreira, *in Os limites objetivos da coisa julgada no sistema do novo Código de Processo Civil*, p. 32.

dúvida é a questão. (...) Assim, a questão solucionada converte-se em razão".[164]

Relativamente ao universo de questões, Ovídio A. Baptista da Silva as classifica colocando, de um lado, as alcançadas pela coisa julgada (art. 474 do CPC), e de outro, as que não sofreriam a incidência deste instituto (art. 469 do CPC), devendo ambas "ser identificadas pelos critérios do artigo 468".[165]

Como poderemos verificar, a doutrina por nós apresentada exclui as questões do alcance da coisa julgada. Contudo, não se está a afirmar que as mesmas excluem ditas questões da denominada eficácia preclusiva da coisa julgada.

Investigando o tema, observamos que o art. 468 do CPC afirma que a sentença que julgar a lide terá força de lei, nos limites desta e das *questões decididas*. Assim, as expressões *lide* e *questões decididas* não possuiriam o mesmo significado. E nesse caso, lembrando a definição já apontada, teríamos que a expressão *lide* significaria o *mérito* ou o *objeto litigioso*; ao passo que *questões decididas* indicaria outro rumo.

Todavia, o aspecto ontológico da expressão *questões decididas* poderá ser encontrado através do cronologicamente anterior, e já visto, art. 290 do projeto italiano de 1926 (cujo similar brasileiro era o art. 287 do CPC de 1939, e o atual art. 468).[166]

Barbosa Moreira adverte que "aparentemente, a inclusão delas só se poderia justificar pelo propósito de estender à solução das prejudiciais a autoridade da coisa

---

[164] Ronaldo Cunha Campos, in *Limites Objetivos da Coisa Julgada*, p. 55.

[165] Ovídio A. Baptista da Silva, in *Sentença e Coisa Julgada*, p. 154. Com peculiaridade própria, Castro Mendes também divide as questões. Denomina-as prejudiciais e fundamentais, localizando-as nessa seqüência e antes do *thema decidendum*. in *Limites Objectivos do Caso Julgado Civil*, pp. 196-197.

[166] "Art. 287. A sentença que decidir total ou parcialmente a lide terá força de lei nos limites das questões decididas. Parágrafo único - Considerar-se-ão decididas todas as questões que constituam premissa necessária da conclusão".

julgada substancial (*'forza di legge'*). Com efeito, à primeira vista caberia argumentar que, se se tivesse querido circunscrever ao âmbito da questão principal o campo de atuação daquela autoridade, nada se haveria de acrescentar à expressão *'nei limiti della lite'*. (...) o Projeto italiano, ao contrário do Código de Processo Civil, alude a *'questione decisa'*, no singular (...), se o alcance da norma fosse realmente o de introduzir as prejudiciais na esfera de incidência da *res iudicata*, o natural seria que se houvesse falado em *'questioni decise'*, no plural. (...) o Projeto, nesse ponto, *não se refere* aos eventuais pronunciamentos sobre questões relativas a antecedentes lógicos da principal. (...) Assim se aclara o sentido desta última expressão, naquele texto: a *'questione decisa'*, em cujos limites, exclusivamente, se fará sentir a *auctoritae rei iudicate*, não é prejudicial: é a própria questão principal, objeto da conclusão final do juiz. O acréscimo, em vez de *ampliar*, na verdade *restringe* a zona de incidência da norma: põe de manifesto que, em não coincidindo os limites da lide e os da questão resolvida *principaliter* (por ter sido 'parcial' o processo), será mister considerar não só aqueles, mas também estes, quando se quiser verificar, *in concreto*, as dimensões objetivas da coisa julgada. Coberto por esta unicamente estará o que se houver decidido (*principaliter*), como resposta à demanda - respeitados, portanto, os termos, mais largos ou mais apertados, em que se haja levado a lide à apreciação judicial"(Os grifos estão no original).[167]

---

[167] Barbosa Moreira, *in Questões Prejudiciais e Coisa Julgada*, pp. 107-111. Diz, ainda: "... o redator do dispositivo não percebeu bem o alcance do art. 290 do Projeto italiano. (...) favorece as interpretações tributárias do pensamento savignyano, como as favorece a referência a 'questões decididas', no plural - sintoma nítido da incompreensão do legislador pátrio quanto à razão por que se inserira, no texto peninsular, o acréscimo *'e della questione decisa'*, e quanto às relações entre eles e a expressão *'totalmente o parzialmente'* (...) o texto mesmo do Código - suscetível nesse ponto, como se mostrará, de entendimento diverso - apresenta no art. 4º óbice de vulto à aceitação daquela tese, *verbis 'O juiz não se pronunciará sobre o que não constitua objeto do*

Depreende-se com clareza das lições de Barbosa Moreira que o legislador pátrio (de 1939, e podemos acrescentar o de 1973, em face da reprodução do equívoco) não primou por uma redação escorreita, ao menos na tradução da expressão *questione decisa* existente no texto italiano. Tal imprecisão, segundo o autor, tampouco chancela os comprometidos em algum grau com o pensamento de Savigny. Este realizava uma dicotomia nos motivos da decisão, e assim chamava de objetivos todos "elementos ou partes constitutivas das relações jurídicas cuja afirmação ou negação" estabelecessem os "fundamentos do *decisum*" e que, por sua relevância, seriam tocados pela *auctoritas rei iudicatae*. A *contrario sensu*, os motivos subjetivos seriam os elementos "móveis que influenciam o espírito do juiz", mais precisamente, "as razões do seu convencimento, à luz das regras de direito e das provas produzidas pelas partes", e que não seriam alcançados pelo instituto da *res iudicata*.[168]

Diz-se que a doutrina savignyana não se aproxima do entendimento da expressão *questione decisa*, porquanto a mesma não se refere à questão decidida de forma incidental no processo (*incidenter tantum*). Ao contrário, a *questione decisa* é a própria questão principal (*principaliter*), conforme tivemos oportunidade de ver linhas atrás.

Diante do contexto apresentado ao órgão jurisdicional, haverá certamente uma operação mental que irá construir e ordenar todos os elementos relativos à lide, os quais, enfim, serão joeirados, e deles então, serão extraídos pontos e questões. A sistematização do conhecimento sobre os fatos postos proporcionará ao juiz a síntese para a necessária convicção e para a segurança

---

pedido' Esse preceito, consagrador da tradicional doutrina da correspondência entre a demanda e a sentença, diz respeito, naturalmente, ao *meritum causae*" (Os grifos não estão no original).

[168] Barbosa Moreira, idem, pp. 80-81.

necessárias à decisão sobre o objeto litigioso (restituição, declaração, deconstituição, etc.). Todavia, encontrar-se-ão questões que, por sua natureza, terão um *status* diferente de outras, ou seja, algumas indagarão, por exemplo, *constitucionalidade* ou não, *legalidade* ou *ilegalidade* de determinada exação tributária e, ainda, a ocorrência da *prescrição* (neste caso como preliminar ao mérito), enquanto *questões* outras tratarão de requerer a procedência do pedido.

Barbosa Moreira, após um primeiro *approach*, e, preocupado com a confusão doutrinária e legislativa ("até certa época preponderava o emprego promíscuo" das expressões questões *prejudiciais* e questões *preliminares* "indiferentemente usadas para designar quaisquer questões *prévias*") relativamente à terminologia correta, partiu da definição das categorias em tela, para chegar às suas conclusões.

Assim é que, para o referido autor (Barbosa Moreira),[169] "questões prévias" são aquelas "questões cuja solução deve anteceder logicamente a de outras". "Questões prejudiciais" aquelas "de cuja solução dependa o *teor* ou *conteúdo* da solução das outras". E "questões preliminares" seriam "aquelas de cuja solução vá depender a de outras não no seu *modo de ser*, mas no seu próprio *ser*; isto é, para aquelas que, conforme o sentido em que sejam resolvidas, oponham ou, ao contrário removam um impedimento à solução de outras, sem influírem, no segundo caso, sobre o *sentido* em que estas outras hão de ser resolvidas" (Os grifos estão no original).[170]

Neste diapasão, em uma clássica ação ordinária de repetição de indébito tributário, na qual se buscam valores pagos a título de, *v.g.*, imposto sobre a renda e

---

[169] Barbosa Moreira, idem, pp. 28-30.

[170] Thereza Alvim, *op. cit.*, p.12. Nesta obra, a processualista, escreve que todas as questões não abrangidas pelo mérito, consistiriam em questões prévias (ao menos não censura Liebman, quando este assim as define).

proventos de qualquer natureza, recolhido com base em lei tida por *inconstitucional*, esta será questão *prejudicial* (de mérito), e o pedido de repetição será a própria questão *prejudicada*. Argüida em contestação a ocorrência de *prescrição* da pretensão, esta será questão *preliminar* que, se acolhida, impedirá a análise do mérito.

A hipótese anterior está de acordo com a posição de Barbosa Moreira, para quem, "no vínculo de subordinação que caracteriza a prejudicialidade, tanto podem figurar como prejudicadas (principais) *questões de mérito*, quanto questões *relativas ao processo ou às condições da ação*." (Os grifos estão no original).[171] O mesmo já não ocorre com Castro Mendes, porque este afirma que a questão prejudicial será sempre "questão de mérito necessária à resolução do *thema decidendum*, apta a formar por si objecto doutro processo e que se coloque em momento logicamente anterior ao das questões fundamentais (causa de pedir, excepções peremptórias)".[172]

Os "pontos" que se antepõem ao magistrado passarão ao *status* de "questões" na exata proporção em que as partes lhes derem relevância, ou "se a prejudicial de uma questão tiver sido, anteriormente ao processo, decidida com força de coisa julgada material." Como afirma Thereza Alvim, lembrando as lições de Francesco Menestrina[173], "não pode haver decisão de pontos prejudi-

---

[171] Barbosa Moreira, *in* Questões Prejudiciais e Coisa Julgada, p. 76.

[172] João de Castro Mendes, *op. cit*, pp. 196-197. Prossegue o mestre lusitano, "a proximidade lógica do *thema decidendum* é o que distingue a questão fundamental da prejudicial". Algumas linhas atrás, Castro Mendes exemplifica: "Se a entidade *A* pede a condenação de *R* na prestação *x* como cumprimento de certo contrato, saber se *R* deve ou não é o *thema decidendum* (pretensão material); saber se o contrato em causa é eficaz *quanto ao efeito concreto que se traduz no direito de A à pretensão x é uma* questão fundamental, causa de pedir. Saber se o contrato *sub judice* é válido ou nulo, considerando a questão em geral (autonomamente) e não do ponto de vista específico e relativo da constituição do direito a *x*, é uma questão prejudicial, como é questão prejudicial saber se a entidade *A* tem personalidade jurídica ou capacidade jurídica bastante para adquirir o direito *x*".

[173] Também Barbosa Moreira, *in* Questões Prejudiciais e Coisa Julgada, p. 70, cita Menestrina, acerca da expressão "ponto prejudicial", como aquele prece-

ciais mas de questões." A processualista pontifica ainda que, por mais liberdade que o juiz tenha para determinar as provas que achar necessárias, não poderá "transformar um ponto prejudicial em questão", salvante a parte interessada, que poderá tomar a iniciativa para que essa transmutação se opere, pois o artigo 468 do CPC utiliza a expressão "questões decididas".[174] Barbosa Moreira registra que também é ponto prejudicial aquele que, em processo anterior, recebeu pronunciamento (com força de coisa julgada), encontrando-se, assim, resolvido, fazendo parte tão-somente da cadeia do raciocínio do julgador na demanda atual.[175] Por último, para não citar mais, Ronaldo Cunha Campos, em que pese discordar do alcance da *auctoritas rei iudicatae* dada por Menestrina, está conforme quanto ao "ser" do ponto prejudicial, isto é, "as afirmações não controvertidas pelas partes".[176]

Observa-se, em suma, que os juristas mencionados gravitam em torno da terminologia adotada, acertadamente, por Menestrina. E, se tal utilização recebeu guarida de tão ilustres processualistas, certamente é pela respeitabilidade do "princípio de razão suficiente" que irá possibilitar a expansão do entendimento na direção da possível evolução no processo, do *status* de ponto, questão e causa. O contrário também será verdadeiro, considerando-se que as partes não se interessam pela controvérsia daquele "ponto prejudicial", não ocorrendo aquela "alquimia" processual (*i.e.*, transmutação de ponto em questão e deste em causa).

---

dente lógico a respeito do qual a parte não tenha levantado uma controvérsia (porque não podia levantar, ou porque não desejou) ou se esta já estava resolvida, conforme palavras do próprio F. Menestrina transcritas neste trabalho.

[174] Thereza Alvim, *op. cit.*, pp. 28 e 96.

[175] Barbosa Moreira, *in Questões Prejudiciais e Coisa Julgada*, p. 70.

[176] Ronaldo Cunha Campos, *op. cit.*, p. 105.

E nada melhor do que lembrar as palavras do próprio Francesco Menestrina, *verbis*: *"Il punto pregiudiciale è dunque il precedente logico su cui le parti non sollevano una controversia (sia che non possano sollevarla, sia che non vogliano - o su cui la controversia è già stata risolta").*[177]

Da reflexão acerca da expressão *questões decididas*, encontraremos, como elemento integrante de sua estrutura, o fato e o direito (ambos em sua singularidade ou pluralidade) posto pelas partes perante o juiz.

E, não obstante, o brilhante trabalho desenvolvido por Thereza Alvim, em sua tese de doutorado, cuja publicação nos possibilitou o acesso aos seus pensamentos, somaremos a estes os do processualista Barbosa Moreira, ao fixar através de suas contribuições os conceitos básicos.

Considerando que, em nossa linha de raciocínio, estamos diante de uma sentença de mérito, é certo pensar que determinado litígio ao ser solvido pelo juiz, recebeu do mesmo sua carga axiológica com relação de implicação direta com seu convencimento. Serão constatadas as questões de fato e as questões de direito que sensibilizaram o magistrado no fundamento de sua decisão, porém, tais questões não são albergadas pela coisa julgada. Conforme Moacyr A. dos Santos[178], o Código de 1973, ao contrário do de 1939, definiu claramente a situação. Somente o dispositivo faz coisa julgada.

Todavia, do ponto de vista da análise da linguagem prescritiva do direito positivo, podemos observar que o artigo 468 do CPC, além da expressão *"questões decididas"*, tem como antecedente *"nos limites da lide e"*. Assim, teremos que os "limites", tanto se referem a "lide", quanto a "questões decididas" (segundo Lourival Vila-

---

[177] Francesco Menestrina, in *La Pregiudiciale Nel Processo Civile*, p. 139.

[178] Moacyr Amaral dos Santos, in *Primeiras Linhas de Direito Processual Civil*, Vol. 3, p. 66; e do mesmo autor in *Comentários ao Código de Processo Civil*, Vol. IV, p. 446.

nova, "o conectivo *e*" tem "função lógica de multiplicador", e "cujo uso sintático-formal exige que sejam ambas válidas").[179] Função lógica de multiplicador e ambas válidas. Se válidas, ambas estarão tratando da lide em si mesma, ou pela possibilidade de ser uma a lide, ou mais de uma, e aí, diante da hipótese de cumulação (função lógica multiplicadora). Neste caso, salvo nosso engano, e pelo que se depreende das lições dos mestres, não seria apropriado o plural da expressão *questões subordinadas*, diga-se principais, pois, ainda que cumuladas, examiná-las-emos *per se*. Neste ângulo, conclui-se que a expressão "questões decididas" refere-se à própria lide[180]. Assim, considerando que a *auctoritas rei iudicatae* forma-se somente sobre a questão subordinada, não alcançando a questão ou questões subordinantes, conclui-se que as expressões "nos limites da lide e das questões decididas" convergem a um ponto comum.

Outrossim, a respeito da expressão "questões decididas", constante do art. 468 do CPC, não podemos olvidar que ilustres processualistas dão uma interpretação ligeiramente diversa daquela apontada linhas atrás, mas cujo resultado se assemelha, na medida em que não admitem o alcance da *autctoritas rei iudicatae* sobre questões (*rectius*: questões prejudiciais).

É o caso de Moacyr Amaral dos Santos, quando afirma, "a decisão das *questões*, no sistema brasileiro vigente, de ordinário não produz coisa julgada, tendo apenas a eficácia de estabelecer os *limites* da coisa julgada, salvo naqueles casos em que se tratar de decisão que constitua pressuposto lógico da decisão da lide e haja a decisão sido provocada por ação declaratória

---

[179] Lourival Vilanova, in *As Estruturas Lógicas e o Sistema do Direito Positivo*, pp. 70 e 73.

[180] Barbosa Moreira, in *Questões Prejudiciais e Coisa Julgada*, "... não é prejudicial: é a própria *questão principal*, objeto da conclusão final do juiz", p. 109 (Os grifos estão no original).

incidental".[181] No particular, "questões decididas" para Barbosa Moreira é a própria lide; para Amaral dos Santos, são "questões prejudiciais". Neste ponto divergem, porém ambos concordam que, sobre as prejudiciais, não se forma coisa julgada substancial.[182] A validade do enunciado "*nos limites da lide e das questões decididas*" é fruto da positivação do Direito. Entretanto, a explicação de Barbosa Moreira analisada responde com maior precisão este aspecto, máxime quando sobre questões não pesam decisões, mas pronunciamentos (*cognitio* como lembra o mesmo jurista).[183] Todavia, se realizamos uma leitura, daquela parte do enunciado ("limites da lide e questões decididas") em que a lide, conforme vimos, é representada pelo próprio objeto litigioso, isto é, o mérito da causa, esta destina-se a ser resolvida através de uma decisão, ao passo que as questões prejudiciais, além de logicamente anteriores (e por isso tão importantes a ponto de amparar a lide) à própria lide, servem somente à inferência do magistrado. Nas palavras de Emilio Betti, a questão "*pregiudiziali in largo senso: questioni, la cui cognizione e risoluzione è logicamente indispensabile per giungere a una corretta decisione secundum ius*".[184] Ou seja, "pontos" que, elevados à categoria de "questão", convolam-se, ou não, em "causa".

[181] Moacyr Amaral dos Santos, in *Primeiras Linhas de Direito Processual Civil*, Vol. 3, p. 63.

[182] Barbosa Moreira, in *Questões Prejudiciais e Coisa Julgada*, p. 109, "... não é prejudicial: é a própria *questão principal*, objeto da conclusão final do juiz", conforme já transcrito, e Amaral dos Santos, in *Primeiras Linhas de Direito Processual Civil*, Vol. 3, p. 63. "a decisão de questões, (...) não produz coisa julgada, (...) salvo (...) ação declaratória incidental".

[183] Barbosa Moreira, in *Os limites objetivos da coisa julgada no sistema do novo Código de Processo Civil*, p. 31. Ao analisar o enunciado "questão prejudicial, decidida incidentalmente no processo", contido no inciso III do art. 469 do CPC, afirma "... preferível evitar o 'decidida', tecnicamente impróprio, já que sobre a prejudicial não ocorre *decisão*, mas simples *cognitio*: o juiz resolve a questão, como etapa necessária do itinerário lógico que lhe cumpre percorrer para chegar ao pronunciamento final; mas de modo nenhum *julga* - e por isso mesmo não surge a respeito *coisa julgada*."

[184] Emilio Betti, in *Interpretazione della Legge e degli Atti Giuridici*, p. 259.

O "ponto" se controvertido, passa à categoria de "questão" (cujo pronunciamento por parte do juiz seria *incidenter tantum*, tornando-se inadequado denominá-lo de decisão).

Relativamente à *força de lei* não somente *nos limites da lide*, mas também quanto às *questões decididas*, a limitação opera como que um círculo invisível, além do qual, se algo existir, não terá alcance a validade da equiparação legal. Ou melhor, a equiparação à lei (*auctoritas rei iudicatae*) é dada como uma forma de possibilitar a certeza, e também o alcance do julgado.

Nada além dessa fronteira terá força de lei com relação ao julgado, e questões subordinantes não serão atingidas pela coisa julgada, servindo apenas para delimitar o seu alcance, *contrario sensu*, os elementos internos (contidos) possuirão esta qualidade (força de lei) nos exatos limites da lide (delineamento do fixado pela sentença, continente).

Esta é a regra, salvo a hipótese de a *ação declaratória incidental*, requerida nos termos do art. 5º do CPC, decidir sobre tais questões. Nesse sentido, o já citado Moacyr Amaral dos Santos afirma "mas a sentença, ao decidir a lide, terá normalmente que decidir questões suscitadas pelas partes, visando ao acolhimento ou à rejeição do pedido. (...) a decisão das *questões*, no sistema brasileiro vigente, de ordinário não produz coisa julgada, tendo apenas a eficácia de estabelecer os *limites* da coisa julgada, salvo naqueles casos em que se tratar de decisão que constitua pressuposto lógico da decisão da lide e haja a decisão sido provocada por ação declaratória incidental".[185]

Poderíamos indagar, então, sobre o que recairá a *auctoritas rei iudicate*? Em que parte da sentença iremos detectá-la? Sobre os fundamentos e o dispositivo, somente sobre aqueles, ou sobre este?

---

[185] Moacyr Amaral dos Santos, *in Primeiras Linhas de Direito Processual Civil*, Vol. 3, p. 63.

Do que já foi exposto, conclui-se, em primeiro lugar, com Moacyr Amaral dos Santos que, para a "doutrina dominante (...), amparados nos ensinamentos de Paula Batista e João Mendes Júnior, (...) a *coisa julgada se restringe ao dispositivo da sentença*"(Os grifos estão no original); em segundo, o princípio *quantum iudicatum quantum disputatum vel disputari debebat*, conforme Celso Neves.[186]

Assim, se o contribuinte Caio propõe contra o Fisco ação de repetição de indébito em face de ter pago indevidamente (lei instituidora do tributo teria maculado o princípio da capacidade contributiva), em determinado exercício, o Imposto sobre a Renda na modalidade lucro imobiliário, e a decisão for pela improcedência, nada obstará ao contribuinte que demande novamente, buscando agora o indébito de exercício posterior, não obstante ser o mesmo diploma legislativo e as mesmas partes. Esta decisão, se favorável, não conflitará com aquela, julgada a favor do Fisco. O pedido, em ambas, cingiu-se à repetição de indébito, o sujeito passivo da relação jurídico-tributária material é o mesmo, porém não é a mesma a própria relação jurídico-material, não sendo, *ipso facto*, as mesmas obrigações tributárias.[187] É

---

[186] Moacyr Amaral dos Santos, in *Comentários ao Código de Processo Civil*, Vol. IV, p. 443. Celso Neves, in *Coisa Julgada no Direito Tributário*, Revista de Direito Público, Cadernos de Direito Tributário, n° 29, p. 240.

[187] Não é objeto direto do presente trabalho a análise minudente das obrigações e prestações. Todavia, auxiliará o entendimento termos presente alguns elementos. No universo jurídico em geral, e no tributário em particular, poderemos encontrar *multiplicidade, singularidade* ou *unidade* de obrigações ou de prestações. Recordando lição de A. Von Tuhr, *"prestaciones aisladas, como son, por ejemplo, la entrega o confección de una cosa, el pago de una suma de dinero o la omisión de un acto realizable de una sola vez. El cumplimiento de estas obligaciones se realiza en un momento determinado." (...) "Prestaciones continuas, que se traducen en una serie constante de actos u omisiones por parte del deudor. En rigor, podría decirse que sólo cabe verdadera prestación continua tratándose de abstenciones, ya que toda conducta positiva se descompone en una serie de actos aislados en el tiempo. Pero basta con que estos actos puedan interpretarse como una conducta única, según el criterio de la práctica, para que se los clasifique jurídicamente entre las prestaciones continuas. Así, todos los actos que el obrero realiza en cumplimiento de su contrato de servicios forman parte de*

importante deixar claro que a questão do "exercício" não basta a si próprio, mas deve ser entendido como vínculo a determinado período de tempo, e não como manifestação do lapso temporal de nascimento de uma obrigação tributária. A relevância da observação está ligada ao não-comprometimento com o credo da existência dos denominados fatos geradores complexos, pois como bem observa Paulo de Barros Carvalho, todos os fatos são instantâneos. Pensar o contrário seria inadequado e incongruente[188].

---

una prestación única, aunque se ejecute a lo largo de un cierto tiempo. Hay *obligaciones en que el deudor asume el deber de realizar una serie de prestaciones reiteradas (sea periódicamente o sin periodicidad),* verbi gratia, *al pago de 'plazos' o intereses o la ejecución de las reparaciones a medidas que vayan haciéndose necesarias, o de abstenerse de realizar un acto en ciertas y determinadas ocasiones. Son todos casos en que concurren diferentes créditos, cada cual con su propia prestación, aunque aglutinados todos ellos en una obligación* única *y por consiguiente en una unidad jurídica y económica." op. cit.,* p. 37-38 (Os grifos em itálico estão no original, os sublinhados não). Podemos exemplificar da seguinte forma: o IPTU de determinado exercício, decorre de obrigação *única,* sendo que a municipalidade possibilita o pagamento em seis quotas mensais. Aqui teremos uma *pluralidade* de prestações, vinculadas à *singularidade* de obrigação. Assim, decisão judicial, trânsita em julgado, que decidir pela validade de uma, em princípio (poderá ocorrer de uma prestação ferir determinado princípio que não aproveite às outras), alcançará as demais impossibilitando a discussão de uma prestação não questionada anteriormente, quando outra, oriunda da mesma obrigação foi litigada e coberta pela *auctoritas rei iudicatae.* Poderá ocorrer, ainda, *singularidade* de obrigação e prestação (ICMS devido em determinado mês face a fato jurídico ocorrido em mês pretérito); *pluralidade* de obrigações consolidadas a serem prestadas em uma ou mais vezes (caso entendermos os parcelamentos de débitos fiscais, do mesmo ente público tributante, decorrentes da consolidação de diversos tributos, obrigações ou prestações historicamente distintas, abstraindo-se o fato de ser ou não uma novação, art. 999, inc. I do CC); ou, ainda, conjunto de obrigações ou prestações *singulares, per se,* agrupadas por disposição legal *(bis in idem* constitucional); etc. Em cada hipótese, extrairemos, o *objeto da obrigação* que é a prestação, e o *objeto desta,* que por características do Direito Tributário, relaciona-se com as patrimoniais, o tributo nos termos do art. 3º do CTN. Relativamente ao objeto das obrigações e prestações, Pontes de Miranda, *in Tratado de Direito Privado,* T. XXII, p. 41.

[188] Paulo de Barros Carvalho, *op. cit,* p. 179. Deve ser gizada a observação de Ruy Barbosa Nogueira acerca da Súmula 239 do Egrégio STF ("Decisão que declara indevida a cobrança do imposto em determinado exercício não faz coisa julgada em relação aos posteriores.") cujo Relator Ministro Rafael Mayer, ao proferir seu voto pelo provimento do RE 93.048-SP, resolveu pela

O exemplo de tributo lançado por período certo de tempo (exercício), em que cada lapso temporal é caracterizado de maneira isolada, tem sido tratado por diversos doutrinadores.

Dentre outros, podemos citar Enrico Allorio. Para ele, em primeiro lugar, a coisa julgada *"determina non tanto un vincolo pei giudici dei processi futuri, quanto il regolamento sostanziale del rapporto controverso"*. Isto, continua ele, *"vale anche pel processo tributario"*. Assim é que, relativamente aos limites objetivos, mais precisamente quanto a exercício distinto, diz Allorio, *"i limiti della cosa giudicata tributaria (...) son quelli stessi della lite tributaria; pertanto, emessa decisione munita d'autorità di giudicato positiva o negativa, circa l'esistenza del diritto all'annullamento d'un determinato atto d'imposizione, tale decisione non ha efficacia di sorta in rapporto ad altri atti d'imposizione, anche similari, concernenti periodi d'imposta sucessivi, neppure se rispetto alla legalità di questi ultimi atti siano rilevanti questioni identiche a quelle che vennero già giudizialmente risolute (...) <u>la questione stessa potrà nuovamente discutirsi rispetto all'imposta dell'esercizio seguente, senza che vi ponga ostacolo il giudicato</u>"* (Os grifos não estão no original).[189]

Outrossim, A. D. Giannini contribuiu para o esclarecimento do tema, materializando seu pensamento no papel, de maneira tal que, o que era anteriormente

---

"inaplicação da Súmula 239 à hipótese, dado que o reconhecimento da inexistência do débito tributário, ajuizado pelas mesmas partes, e declarada inconstitucional, faz coisa julgada material'. (...) aquele verbete somente tem aplicação aos casos em que a lide tenha tido por objeto o lançamento em si, ou seja, a forma, e não o conteúdo. A Súmula 239, como deixou decidido o STF, não tem nenhuma aplicação aos casos em que a 'decisão se coloca no plano da relação de Direito Tributário Material para dizer inexistente a pretensão fiscal do sujeito ativo, por inexistência da fonte legal da relação jurídica que obrigou o sujeito passivo; então não é possível renovar a cada exercício o lançamento e a cobrança do tributo, pois não há a precedente vinculação' (RTJ 99/419)"; *in Coisa Julgada e Orientação Fiscal, Consultas e Pareceres (Cível)*, RT nº 594, abril de 1985, p. 36.

[189] Enrico Allorio, *op. cit.*, pp. 186-188.

percebido como obscuro torna-se cristalino. Disse, *"dal rapporto giuridico d'imposta derivano, (...) una serie di diritti e di doveri reciproci fra lo Stato ed i cittadini, alcuni di carattere sostanzialie, altri formale"*. Prosseguindo, ele afirma que, *"la fondamentale obbligazione di corrispondere all'ente pubblico una somma determinata a titolo d'imposta può essere o continuativa o unica, secondo che il presupposto del tributo consiste o in uno stato di fatto che si prolunga nel tempo, o in un solo determinato avvenimento; donde la distinzione anche delle imposte, da questo punto di vista, in <u>periodiche ed istantanee</u>"* (Os grifos estão no original).[190]

Para Giannini, *"circa gli effetti del giudicato, non sorge questione riguardo alle imposte istantanee, nelle quali, come si è detto, per ogni singolo avvenimento, costituente il presupposto del tributo, nasce un distinto accertamento, cosicchè non è dubbio che l'efficacia della cosa giudicata non si estenda oltre il caso deciso. Ma deve adottarsi risoluzione analoga per le imposte periodiche, dato che anche in queste sorge per ogni periodo d'imposta un debito distinto da quello relativo ai periodi precedenti e susseguenti, cosicchè l'efficacia del giudicato è limitata al periodo d'imposta, relativamente al quale è sorta la controversia, quale che sia la natura della questione decisa, e cioè anche se si tratti di una questione riflettente quegli elementi del rapporto d'imposta che si riproducono inalterati (la questione, ad es., circa la capacità del soggetto d'imposta) nei periodi sucessivi. Qualora, però, lo accertamento si estenda a più periodi d'imposta, com'era nel caso dell'imposta mobiliare, per la quale l'accertamento non poteva essere modificato se non dopo un biennio (ora non più, per effetto della dichiarazzione unica annuale), anche l'efficacia della cosa giudicata si estendeva ai vari periodi compresi nell'accertamento"*.[191]

---

[190] A.D. Giannini, in Istituzioni di Diritto Tributario, pp. 133-135.

[191] A.D. Giannini, idem, pp. 232-233. Neste texto, repetidas vezes foi empregada a expressão *accertamento*, a respeito da qual vale lembrar a observação de Alberto Pinheiro Xavier, in Conceito e Natureza do Acto Tributário, p. 25, verbis: "A aplicação da norma tributária tem sido estudada, sobretudo pela

Voltando à questão da identidade das duas demandas, a mesma existe apenas na coincidência das partes e do *nomem iuris* do tributo. Tanto que as questões discutidas na primeira ação, como vimos, poderão ser enfrentadas novamente na demanda posterior, porque sobre elas não recaiu a autoridade de coisa julgada. Apenas serviram de premissas ao raciocínio do julgador.

Agora se porventura, a discussão anterior foi em sede de ação declaratória (*principaliter*), em que o desiderato era a obtenção de uma declaração de inexistência de relação jurídica (fundada na alegada inconstitucionalidade da exação) que obrigasse o contribuinte a pagar Imposto sobre a Renda na modalidade lucro imobiliário, aí sim (independente do resultado), novéis obrigações, *i.e.*, de exercícios posteriores, estariam recobertas pela *auctoritas rei iudicatae* da primeira demanda. E isso, repita-se, independentemente do exercício financeiro, conforme pensam alguns, pois neste caso, salvo nosso engano, estaremos diante da cláusula *rebus sic standibus* inerente à sentença.[192]

doutrina italiana, através do conceito de *accertamento*, expressão que arreigados hábitos de linguagem da técnica fiscal e da ciência das finanças generalizaram nesse país. De resto, para a consolidação do termo na doutrina jurídico-tributária contribuiu em larga escala o preciso significado técnico que o conceito já adquirira no Direito Processual e no Direito Administrativo, onde exprime todo o acto, sentença ou acto administrativo, que se limita a verificar e a declarar a existência de determinadas situações da vida e a extrair os correspondentes efeitos jurídicos." Porém, por mais que o acertamento administrativo (no que tange ao nosso denominado lançamento, mesmo o definitivo, *i.e.*, quando no procedimento administrativo não caiba mais recurso) possua caráter imperativo, não se compara *"con l'efficacia finale e preclusiva di ogni controllo e che è definitiva come 'cosa giudicata', quale effetto tipico del provvedimento del giudice"*, conforme leciona Gian Antonio Micheli, in *Corso di Diritto Tributario*, p. 247.

[192] Liebman lembra que todas as sentenças de alguma maneira, contêm a cláusula *rebus sic standibus*, implicitamente. Assim é, que os fatos concorrentes à prolação da sentença não são impedidos pela coisa julgada de se modificarem no tempo. Entendemos, dessa forma, quando do enfoque do processualista ao tratamento semelhante que deve ser dado às relações jurídicas que se prolongam no tempo, continuativas, comparativamente as que não o são. Ambas conterão a cláusula. *Op. cit.*, p. 25. Corroborando, Adroaldo Furtado Fabrício assevera mais. A ação de modificação é denomi-

Como poderemos ver mais adiante, com vagar e de forma mais detalhada, a questão da primeira demanda de repetição de indébito (*v.g.* inconstitucionalidade do tributo) é prejudicial, ou seja, subordinante, passando ao *status* de subordinada na segunda demanda (que obviamente é outra e não a reprise da anterior). Diz Barbosa Moreira, "até então, o juiz teria sem dúvida de examinar a questão subordinante, mas apenas - repita-se - como etapa lógica do seu itinerário mental. Agora cumpre-lhe *julgá-la*" (O grifo está no original).[193] Importa considerar que o dispositivo ficou coberto pela autoridade de coisa julgada. A resolução das questões levantadas deram fim ao litígio, porquanto tais questões foram apreciadas nos fundamentos da decisão, porém não alcançadas pelo instituto em pauta.

No entender de Barbosa Moreira, tais questões de direito constituem motivo da decisão, nada impedindo o contribuinte de voltar à carga relativamente a outro exercício, e o órgão judicial reapreciando a questão, julgar desta ou daquela maneira a mesma lei.[194]

Por outro lado, pode ocorrer a existência de duas obrigações tributárias, sendo uma delas prejudicial à outra. Por exemplo, a obrigação tributária de pagar Imposto sobre a Renda (competência da União Federal) e obrigação tributária de pagar o AdIR (competência dos

---

nação inadequada para outra demanda, que não a primitiva, baseada em *causa petendi* diversa. "A ação de modificação claramente põe sob exame judicial, por hipótese, outra lide e propõe questões diversas das examinadas no processo anterior, a saber, as pertinentes às alterações intercorrentemente verificadas na situação de fato.", in *A Coisa Julgada nas Ações de Alimentos*, pp. 12-13. Também, sobre a cláusula *rebus sic standibus*, Barbosa Moreira, in *Questões Prejudiciais e Coisa Julgada*, pp. 85-86. "...a eficaz oponibilidade da *exceptio rei iudicatae* unicamente subsiste enquanto permaneça inalterada a *situação de fato* em que se fundara a pretensão deduzida em juízo. No caso contrário, já não haverá identidade na *causa petendi*, e por conseguinte será descabido falar em *coisa julgada*"(Os grifos estão no original).

[193] Barbosa Moreira, in *Os limites Objetivos da Coisa Julgada no Sistema do Novo Código de Processo Civil*. p. 32.

[194] Barbosa Moreira, *op. cit.*, p. 31.

Estados e Distrito Federal. Antes de ser revogado pela Emenda Constitucional nº 3, de 17.03.1993, o AdIR estava previsto no art. 155, inc. II da CF). Suponhamos que em determinada demanda o contribuinte pretendesse eximir-se do AdIR pelo argumento de inexistência de relação jurídica ensejadora de pagamento do Imposto de Renda à União (abstraindo-se, neste momento, ter sido a cobrança do adicional estadual afastada pelo Egrégio STF na Ação Direta de Inconstitucionalidade nº 618-5/RS, em 06.10.1993). Neste exemplo, a decisão de mérito na demanda relativa ao AdIR depende da decisão no processo que discute ser ou não devido o IR à União Federal. Para a validade de nosso raciocínio, consideramos que haverá necessidade da existência de demanda em que se controverta sobre o IR. A ação será anterior ou posterior à demanda do AdIR (se porventura inexistir demanda tratando sobre o IR, presume-se a validade da cobrança deste tributo, mesmo não havendo prova do pagamento do mesmo, pois o simples inadimplemento não terá o condão de infirmá-lo). Assim, teremos que a decisão sobre a obrigação tributária do IR é questão prejudicial em relação à decisão do AdIR.

Além disso, devemos lembrar que o IR, sendo tributo de competência da União Federal (art. 153, inc. III da CF), terá por foro competente a Justiça Federal (art. 109, inc. I da CF), enquanto o AdIR será discutido na Justiça Estadual. Neste caso, afirmamos que o Juiz estadual deverá suspender o processo (art. 265, inc. IV, alínea *a*, do CPC) até ocorrer a solução da lide entre contribuinte e União Federal acerca do IR. Entendemos, ainda, que é possível a propositura desta demanda até o momento anterior à decisão com trânsito em julgado do processo entre contribuinte e Estado da Federação, certamente para ensejar a produção de resultado eficaz na lide estadual, porquanto a lide federal poderá ser discutida independente desta, desde que observados seus pressupostos próprios, dentre os quais a inocorrência de prescrição. A coisa julgada permanece vinculada à parte dispositiva de cada uma das sentenças, porém a dimensão processual das duas demandas deverá ser confrontada caso a caso.

Essas situações levaram em consideração a prejudicialidade existente entre determinadas questões. Sobre este tema, disse Allorio, *"l'esistenza o la conformazione di un'altra obbligazione tributaria; nel fatto costitutivo del primo rapporto rientra il secondo, ovvero rientrano elementi del secondo: corre fra i due rapporti un nesso di pregiudizialità-dipendenza. Quando il rapporto tributario pregiudiziale appartenga, come rapporto nella sua interezza, al fatto costitutivo del rapporto tributario dipendente, questo si presenta come conseguenza e appendice di quello"*.[195]

Porém, mais especificamente quanto à hipótese do AdIR, poderíamos dizer que o pensamento de Allorio é adequado *"l'altro tipo di legame fra rapporti tributari, che si potrebbe chiamare legame di pregiudizialità <u>attenuata</u>, per cui uno di tali rapporti dipende non dall'altro rapporto considerato nella sua interezza di rapporto, ma unicamente da taluni elementi dello stesso. Esempi di questa interessante figura (...) nell'addizionale provinciale alle imposte comunali, sulle industrie, i commerci, le arti e le professione, che è bensì tributo autonomo nel senso che può essere stabilito anche quando il comune, per proprio conto, non abbia applicato l'imposta"* (O grifo está no original).[196]

Essa prejudicial *"attenuata"* de Allorio não poderia ser comparada, por exemplo, com a situação de saber-se ser o AdIR constitucional ou não, como aconteceu na decisão da Ação Direta de Inconstitucionalidade julgada pelo Egrégio STF, ao confirmar a necessidade de lei complementar para veicular a exação. Sem lei complementar nacional que disponha sobre as matérias previstas no art. 146 da CF, não haveria como instituir o AdIR.

---

[195] Enrico Allorio, *op. cit.*, p. 314.

[196] Enrico Allorio, idem, pp. 314-315.

Pois bem, em face da prejudicial *"attenuata"* ocorre um vínculo da demanda do AdIR (para continuarmos nosso exemplo) com aquela em que se discute o IR. É neste sentido a afirmação de Allorio, quando diz que *"il limite che da tutte queste situazioni deriva alla funzione decisoria del giudice tributario. Allorchè questi debba giudicare sull'imposta dipendente, la sua potestà sarà vincolata da quanto, rispetto all'imposta principale o ad elementi della stessa influenti sul tributo dipendente, decise altro giudice"*.[197] Onde "imposto principal" em nosso exemplo seria o IR, e o "tributo dependente" o AdIR. Desta forma, o magistrado aguardará a decisão do juízo competente para julgar a prejudicial, para, então, decidir sobre a questão prejudicada. Ou, como diz, ainda, Allorio *"deve rimettere tali pregiudiziali al giudice competente, perchè ne decida in via principale, con autorittà di giudicato"*.[198]

Outro ponto não menos importante é sabermos a delimitação e o alcance do instituto, *i.e.*, o que escapa da coisa julgada. Esta relação de implicação recíproca praticamente acompanha todo o desenvolvimento do pensamento acerca da matéria título.

Se de um lado é relevante ter presentes os pontos positivos de identificação dos limites objetivos da coisa julgada, não é menos verdade que nossa conduta deva direcionar-se, também, no sentido de reconhecermos aqueles que escapam.

Depois de identificados e cotejados todos os pontos, teremos tabulados os elementos necessários à fixação dos limites objetivos da coisa julgada. Auxilia o entendimento da matéria a análise de alguns dos elementos obrigatórios da petição inicial, juntamente com os critérios de identificação de demandas semelhantes. Diz o artigo 282 do Código de Processo Civil que: "A petição inicial indicará: (...) III - o fato e os fundamentos

---

[197] Enrico Allorio, idem, p. 315.

[198] Enrico Allorio, idem, p. 317.

jurídicos do pedido". Segundo a melhor doutrina, "os fatos e fundamentos jurídicos do pedido", referem-se à *"causa petendi* da ação", que, juntamente com o "pedido", irão individualizar a "ação de direito material". Já o artigo 301, § 2º, do mesmo diploma estatui que "Uma ação é idêntica à outra quando tem as mesmas partes, a mesma causa de pedir e o mesmo pedido."

A partir daí, pode-se indagar: qual a razão, o fundamento, que leva determinado contribuinte a demandar em juízo contra o Ente público tributante?

Iniciaremos, então, um processo dialético entre autor e réu, que fatalmente findará na síntese de determinada decisão trânsita em julgado. Porém, para que possamos iniciar esse processo, faz-se necessário fixar o que se entende por *causa petendi*, qual a sua extensão e o seu alcance.

Postos esses elementos teóricos, diante do caso concreto, outras indagações surgirão, como: qual a causa de pedir? Possui a resposta aquele que estiver inteirado dos fatos e fundamentos da pretensão deduzida em juízo. No dizer de Barbosa Moreira,[199] identificaremos a causa do pedido, respondendo a pergunta, "por que o autor pede tal providência?" Ou seja, a causa de pedir deflui da ocorrência de fato (ou conjunto de fatos, como lembra o processualista) que o autor afirma ser a gênese do "efeito jurídico por ele visado", constatando-se a existência de elementos ativo e passivo. A narrativa do fato integra a causa de pedir, diz Araken de Assis.[200]

Se porventura Tício pagou o Imposto sobre a Renda de determinado exercício e, posteriormente, propõe ação de repetição do indébito, porquanto a exação feriu

---

[199] Barbosa Moreira, *in O Novo Processo Civil Brasileiro*, pp. 18-20. "Se o autor reclama a restituição de quantia emprestada, a *causa petendi* abrange o empréstimo, fato *constitutivo* do direito alegado (aspecto ativo), e o não pagamento da dívida no vencimento, fato *lesivo* do direito alegado (aspecto passivo)."(Os grifos estão no original).

[200] Araken de Assis, *in Cumulação de Ações*, p. 120.

determinado dispositivo constitucional, podemos dizer que o pagamento enquanto fato jurídico *lato sensu* é passível de restituição. Do pagamento (deste em especial) se predica a inconstitucionalidade, e não, de todos. Todos, no sentido de o universo de pagamentos feitos aos cofres públicos (por Tício, Caio, ou outros). Agora, de todos os pagamentos feitos sob as mesmas condições, daqueles feitos por Tício, predica-se a inconstitucionalidade. Por isso, não podemos afirmar que "todos os pagamentos são passíveis de restituição", com base nos idênticos argumentos de Tício. Mas tão-somente aqueles em que ocorreram circunstâncias idênticas (de Tício, Caio, ou outros). Porém, o pagamento em si, não é causa de pedir. Pois, como vimos (no exemplo em tela), nem "todos" os pagamentos predicam de inconstitucionalidade, somente "alguns".

O pagamento, ou os pagamentos (fato jurídico *lato sensu*), realizados com base em lei inconstitucional, geraram o efeito jurídico pretendido por Tício, que é a obrigação do Ente público tributante de devolver para aquele as quantias recebidas indevidamente a título de Imposto sobre a Renda do exercício tal. Nisto consiste a causa de pedir da ação de repetição de indébito tributário. No particular, é essa a leitura que fazemos de Barbosa Moreira quando, em caso de acidente de trânsito, esse fato por si só não é suficiente (*rectius*: não é a causa de pedir), haja vista que o efeito jurídico pretendido, a "obrigação de indenizar", decorre do fato de a vítima ter sido atingida "por culpa" do motorista do outro veículo.[201]

Pelos vários elementos até aqui inventariados, podemos contabilizar a relevância do fato ou conjunto de fatos, relativamente à causa de pedir. E não poderia ser diferente. Não passaria despercebido que a doutrina minudentemente tem tratado da matéria, sendo que

---

[201] Barbosa Moreira, in *O Novo Processo Civil Brasileiro*, p. 19.

poderíamos citar a posição dicotômica existente, em que doutrinas opostas têm levado estudiosos ao embate, provocando o movimento evolutivo do pensamento jurídico.

As polarizações dão-se entre as denominadas teoria da individualização e teoria da substanciação. Ambas estão centradas na valoração dos fatos.

Para a chamada teoria da individualização, os fatos na escala axiológica não desfrutariam de maior relevância para especificar a *causa petendi*, cujas conseqüências seriam a permanência da mesma ação, ainda que mudassem os fatos. Neste particular, José Frederico Marques recorda que, para a teoria da individualização, "é bastante a relação de direito afirmada pelo autor, para se individualizar a ação".[202]

Ovídio A. Baptista da Silva, ao analisar essa corrente, afirma que "o conjunto de circunstâncias espacial e temporalmente individualizado, como integrante da *causa petendi*, os chamados *sucessos históricos* devem ser tidos como irrelevantes para a identificação de uma determinada ação." Aponta Chiovenda, Carnelutti e outros, como defensores desta linha de pensamento.[203] [204]

Quanto à teoria da substanciação, ao contrário da anterior, para esta os fatos são relevantes. Tão relevantes a ponto de, em havendo alterações fáticas, outra ser a demanda. A doutrina afirma categoricamente que nosso Código de Processo Civil acolheu a teoria da substanciação, o que seria facilmente constatado pela análise do artigo 282, *caput*, e seu inciso III, do referido diploma, *verbis*: "A petição inicial indicará: o fato e os fundamentos jurídicos do pedido."

Sobre isso, Ovídio A. Baptista da Silva afirma que "os fatos, ou conjunto de fatos" são integrantes "da *causa*

---

[202] José Frederico Marques, *in Manual de Processo Civil*. Vol. I, p. 155.
[203] Ovídio A. Baptista da Silva, *in Sentença e Coisa Julgada*, p. 161.
[204] Ovídio A. Baptista da Silva, *in Curso de Processo Civil*, Vol. I, p. 449.

petendi, de modo que sua substituição por outro conjunto de fatos, transformaria a ação primitiva em outra."[205] *Mutatis mutandis*, existindo mais de um fato cuja causa eficiente seja diversa, teremos duas ações.[206]

A par destes pontos, e considerando que a coisa julgada torna imutável e indiscutível a sentença (diz o artigo 467 do CPC), podemos indagar se esse estado, modo de ser da decisão, a ela se restringe, ou se alcança o pedido formulado pelo demandante e sua causa de pedir, de modo que, decidida a demanda de determinada maneira, sua discussão não poderá ser renovada.

Por exemplo: regra jurídica contida em determinado diploma legislativo afirma que, se realizada a hipótese de incidência tributária, será devido o tributo "z". Assim, em dado dia e hora (fato simples), o sujeito passivo "y" efetua o pagamento do valor "x", em face da subsunção do fato à lei. A hipótese realizou-se.[207] Posteriormente, o sujeito passivo "y", tomando conhecimento da inconstitucionalidade daquela exação, demanda contra o Fisco. A via eleita é a ação ordinária de repetição do indébito tributário, porquanto o contribuinte, ao pagar tributo tido por inconstitucional, adquiriu o direito, e o Fisco, o dever de prestar obrigação de restituir os valores recebidos (fato e efeito jurídico pretendido).

Neste ponto, podemos buscar o detalhamento acerca dos fatos e dos fundamentos jurídicos do pedido. Ou do pedido e sua causa.

Em primeiro lugar, os fatos a serem narrados na petição inicial darão conta dos aspectos circunstanciais em que o pagamento, dito indevido, se realizou. De qual

---

[205] Ovídio A. Baptista da Silva, idem, Vol. I, p. 449. No mesmo sentido, Barbosa Moreira, "fato diverso e, portanto, com mudança da *causa petendi* ", in *Questões Prejudiciais e Coisa Julgada*, p. 87.

[206] Neste sentido, Araken de Assis recorda, "a narração de mais de um fato, suficiente *per se* para originar o efeito jurídico consubstanciado no pedido, implica a existência de pluralidade de ações", Cumulação de Ações, p. 118.

[207] Aqui vamos abstrair se norma inconstitucional é nula, inexistente, ineficaz, ...

tributo se está tratando. Que tal fato teria ocorrido em função da previsão normativa legal, perfeitamente corroborada pela fiscalização.

Os fatos descritos, certamente, seriam os mesmos a serem mencionados, caso a demanda, ao invés de repetição de indébito, buscasse a compensação,[208] ou cumulasse um pedido de declaração. Outrossim, na hipótese de mandado de segurança, se o impetrante demonstrasse de forma cabal já ter pago em outra oportunidade (mês anterior) idêntica exação, ou estar prestes a ser exigido (caso de mandado de segurança preventivo), a sensibilizar o magistrado quanto aos pedidos de concessão de medida liminar e segurança definitiva, na sentença teria atendidos alguns dos pressupostos.

Além das hipóteses mencionadas, outras certamente seriam acrescidas. Estaríamos diante de uma complexidade de fatos. E certamente não quaisquer fatos, mas elementos integrantes do suporte fático, o que não exclui a existência de um núcleo fático. Mais precisamente, fato ou conjunto deles, que recebeu o "colorido" da norma que incidiu no caso concreto. Ou, como diz Pontes de Miranda: "Só após a incidência de regra jurídica é que os suportes fácticos entram no mundo jurídico, tornando-se fatos jurídicos. (...) Alguns entram duas ou mais vezes, de modo que a um fato do mundo correspondem dois ou mais fatos jurídicos".[209] A norma, que posteriormente será questionada, goza da presun-

---

[208] Compensação entre tributos da mesma natureza, nos termos do art. 66, da Lei nº 8.383, de 30.12.1991 (direito subjetivo material dos contribuintes), e não como exceção sob o aspecto processual, *v.g.*, invocável pelo demandado em ação de cobrança, onde este apresenta um contracrédito ao demandante, objetivando através de um encontro de contas, eximir-se ou minorar sua posição perante o autor (neste sentido v. Barbosa Moreira, *in Questões Prejudiciais e Coisa Julgada*, pp. 85 e 87-88). Porém, não deve ser olvidado que, para Pontes de Miranda, "a compensação resulta de direito formativo extintivo" - direito formativo que elimina direito, pretensão, ação ou exceção. A compensação não pode ser tida como exceção. *In Tratado de Direito Privado*, Tomo XXII, pp. 26-27.

[209] Pontes de Miranda, *op. cit.*, Tomo I, pp. 5-6.

ção de legalidade, e constitucionalidade. Até prova em contrário é norma válida eficaz e incidiu sobre o fato. Antes, porém, no plano do "ser", ela existe. O desdobramento da incidência normativa, resultará no imperativo do cumprimento da "obrigação principal" (pagamento do tributo) e das "obrigações acessórias" (prestações positivas ou negativas, tais como: preenchimento dos documentos e/ou livros fiscais necessários, etc.).

Contudo, vale lembrar que a eficácia da regra jurídica (incidência da norma sobre o suporte fático) não deverá ser confundida com a eficácia jurídica (irradiação dos efeitos dos fatos jurídicos, um dos quais, por exemplo, a necessidade do preenchimento de determinado documento, acaso não previsto em outra norma).[210]

Naturalmente que o sujeito passivo, no caso, pede a "devolução" do valor pago indevidamente. E tal só ocorre por ter sido realizado "pagamento indevido" do tributo "z", no valor de "x" em dado dia e hora. E por que o pagamento foi considerado indevido? Porque a lei veiculadora da norma jurídica, *verbi gratia*, não respeitou o princípio da anterioridade, previsto no artigo 150, inciso III, alínea *b*, da Constituição Federal.[211]

Mas, se além do dispositivo constitucional citado, tal princípio estivesse também contemplado em norma infraconstitucional? Neste caso, estaríamos diante da mesma hipótese de incidência, porém contida em dois dispositivos legais (Carta Magna e diploma infraconstitucional).

O fato é uno. Diversos os diplomas legislativos. Uma a causa de pedir, o pagamento indevido na exata circunstância em que ocorreu, tendo gerado como conse-

---

[210] Pontes de Miranda leciona: "Seria erro dizer-se que é a regra jurídica que produz a eficácia jurídica; a eficácia jurídica provém da juridicização dos fatos. (...) Toda eficácia jurídica é eficácia de fato jurídico; portanto da lei *e* do fato, e não da lei *ou* do fato." *Op. cit.*, Tomo I, p. 17.

[211] A não-observância desse princípio, como diz Roque Antonio Carraza, ocasionaria que "tais práticas instalariam a surpresa tributária, que a moral administrativa condena e a Lei Maior proíbe", *in* Curso de Direito Constitucional Tributário, p. 125.

qüente o dever do Fisco em restituir. Foi ferido o princípio jurídico da anterioridade, o mesmo contido em dois diplomas distintos.

Então, poderíamos imaginar duas as causas de pedir, visando, em caso de decisão desfavorável no segundo grau de jurisdição (Tribunal local), prequestionada a matéria e observados os demais requisitos de admissibilidade, a possibilitar a interposição de Recurso Especial (com base no artigo 105, inciso III, alínea *a*, da CF)[212] e Recurso Extraordinário (baseado no artigo 102, inciso III, alínea *a*, da CF).[213]

Entretanto, tal hipótese está mais para os pressupostos dos respectivos recursos do que para a nossa *causa de pedir*. Ou seja, estamos diante do mesmo princípio, albergado na Constituição e em lei.

Se nada obsta a incidência de mais de uma norma jurídica ao fato (como exemplifica Alfredo Augusto Becker),[214] entendemos possível a incidência sobre o mesmo fato, de norma de conteúdo idêntico, mas distribuída em diploma diverso.

Afinal, como diz Luis Recaséns Siches, "*una norma jurídica es un pedazo de vida humana objetivada.*"[215] No

---

[212] Diz o artigo 105, inciso III, alínea *a*, da CF: "Compete ao Superior Tribunal de Justiça: (...) III - julgar, em recurso especial, as causas decididas em única ou última instância, pelos Tribunais Regionais Federais ou pelos Tribunais dos Estados, do Distrito Federal e Territórios, quando a decisão recorrida: a) contrariar tratado ou lei federal, ou negar-lhe vigência;"

[213] O artigo 102, inciso III, alínea *a*, da CF, afirma: "Compete ao Supremo Tribunal Federal, precipuamente, a guarda da Constituição, cabendo-lhe: (...) III - julgar, mediante recurso extraordinário, as causas decididas em única ou última instância, quando a decisão recorrida: a) contrariar dispositivo desta Constituição;"

[214] Becker nos informa que "nada impede que o *mesmo* fato ou complexo de fatos forme o conteúdo das hipóteses de incidência de duas ou mais regras jurídicas e sofra, simultaneamente a incidência daquelas múltiplas regras jurídicas (ex.: comercial e tributária), cuja hipótese de incidência tem como conteúdo o mesmo fato ou complexo de fatos." In *Teoria Geral do Direito Tributário*, p. 291.

[215] Luis Recaséns Siches, *in Nueva Filosofia de La Interpretación del Derecho*, p. 135.

particular, a repetição do princípio, antes de ser desnecessária, foi no sentido do reforço desejado pelo legislador, a respeito de determinada regra de conduta.

Outrossim, no caso de pagamento intempestivo de Imposto sobre a Renda, sem o correspondente acréscimo da multa, tendo em vista o art. 138 do CTN não contemplar a mesma e, como sabemos, tal procedimento ser chancelado pelo Egrégio Superior Tribunal de Justiça, a situação não será diferente.

O Fisco "descobre", ou não. Se positivo, será preenchido Auto de Infração (lançamento *ex officio*). Neste caso, o contribuinte conforma-se, ou age. Se agir, terá como opção a propositura de Ação Anulatória do Ato Declarativo da Dívida (Ação Anulatória do Débito Fiscal, art. 38 da Lei nº 6.830, de 22.09.1980). Esta poderá ser julgada procedente: o contribuinte tinha razão, pagamento nos termos do art. 138 do CTN não enseja multa, ou improcedente, *verbi gratia*, não ficou provada a denúncia espontânea.

A *causa petendi* da Ação Anulatória está no fato de o lançamento *ex officio* exigir multa, baseando-se em lei hierarquicamente inferior ao Código Tributário Nacional (que possibilita pagamento sem multa quando de denúncia espontânea), cujo *status* jurídico, reconhecido pelo Egrégio Supremo Tribunal Federal, é de lei complementar.

Por outro lado, suponhamos que o Imposto sobre a Renda pago seja indevido por inconstitucionalidade (feriu princípio "x"). A *causa petendi* de eventual Ação de Repetição de Indébito (quanto a este valor), será o fato de ter sido paga determinada quantia a título de Imposto sobre a Renda (por exigência fiscal) com fundamento inconstitucional. Tal causa deu nascimento a direito subjetivo do contribuinte, crédito de "x" com os acréscimos legais, mais a possibilidade de exigi-lo (pretensão) e o *pedido* de que seja repetido o indébito.

Nesta hipótese, poderemos acrescentar àquela Ação Anulatória (relativamente à multa), junto à *causa petendi* de o pagamento ter sido efetuado à luz de "lei maculadora do princípio da hierarquia das leis", face à exigência fiscal, outra causa de pedir, ou seja, à inconstitucionalidade do Imposto sobre a Renda, propriamente dito.[216] Ou, na primeira hipótese (existência de previsão somente na Constituição Federal do princípio da anterioridade tributária, artigo 150, inciso III, alínea *b*), mas maculado outro princípio, por exemplo o da irretroatividade (artigo 150, inciso III, alínea *a*, da CF).

O fato ou conjunto de fatos, mais os motivos (pagamento indevido realizado no dia tal, com base em determinado dispositivo, contrariando princípio tal, etc.) que dariam azo à repetição do indébito tributário, consistem nos fatos e fundamentos jurídicos do pedido (à devolução do valor pago indevidamente), que são narrados na petição inicial.

Ovídio A. Baptista da Silva[217] diz que "a relevância ou a diferença para o estabelecimento da chamada *causa petendi* deste elemento a que a doutrina se refere como *conjunto circunstancial*, ou *sucessos históricos*, é um dado do problema a ser considerado." A seguir, analisando hipótese de rescisão de contrato parciário, prossegue, "vimos que o conjunto de fatos circunstanciais, espacial e temporalmente determinados, a que a doutrina chama *sucessos históricos*, de um modo geral, são irrelevantes para a identificação da demanda, sendo admissível que

---

[216] Aqui somente poderíamos raciocinar com base no princípio de que o acessório segue o principal (multa mais o valor do principal), do ponto de vista formal. Entendemos que, do ponto de vista material, teríamos que refutar tal pretensão, porquanto, ainda que o art. 113, § 1º, do CTN diga que a obrigação tributária principal tem por objeto o pagamento do tributo ou "penalidade pecuniária", o art. 3º do CTN diz claramente que tributo não constitui "sanção por ato ilícito", afastando, assim, a "penalidade pecuniária" como tributo em si ou como possuidora de tal natureza. A natureza jurídica não é a mesma.

[217] Ovídio A. Baptista da Silva, *in Sentença e Coisa Julgada*, pp. 160 e 163.

o autor não consiga provar o fato, especialmente descrito na inicial, e mesmo assim tenha sua demanda reconhecida como procedente, se evidenciar que o réu deu causa à rescisão do contrato, com a prática de outro fato, ou com determinada omissão, igualmente culposa, de que haja resultado *dano à colheita*". Conclui em seguida que "isso porém, não será suficiente para conduzir-nos ao extremo oposto de admitir como irrelevantes, sempre, a descrição e caracterização dos fatos como elementos integrantes da *causa petendi*. Verdadeiramente, podemos dizer apenas isto: nem todos os fatos serão decisivos para a caracterização da *causa petendi*".

De outra parte, os dispositivos constitucionais feridos (artigo 150, inciso III, alíneas *a* e *b*) seriam meros fundamentos legais. Ou seja, apontar a localização topológica no ordenamento jurídico de determinado artigo de lei é secundário.

Neste caso, segundo o princípio *iura novit curia*, Araken de Assis nos informa que neutro é o fundamento legal na caracterização da *causa petendi*, "que atribui exclusivamente ao órgão jurisdicional o dever de joeirar os fatos e encontrar a regra jurídica na qual, supostamente, incidiram".[218]

No presente exemplo, trabalhamos com inconstitucionalidade da exação, em face da inobservância dos princípios da irretroatividade e da anterioridade tributários. Vimos que ambos se encontram contemplados em dois artigos da Carta Magna. Tal fato demonstraria a existência de cumulação de ações? Araken de Assis afirma que não. Diz ele que "o enquadramento do complexo de fatos trazidos pelo autor na inicial, em duas ou mais regras jurídicas, não importa cumulação de ações".[219]

---
[218] Araken de Assis, *in Cumulação de Ações*, p. 119.

[219] Araken de Assis, idem, p. 120.

Se nossa leitura estiver correta, o referido processualista, ao utilizar a expressão "duas ou mais regras jurídicas", refere-se, tanto a duas ou mais regras de conduta contidas em regra(s) jurídica(s) no mesmo artigo de lei, quanto a duas ou mais regras de conduta, contidas em regras jurídicas como sinônimos de artigos existentes em diploma legal idêntico ou diverso.[220] Em qualquer hipótese, utilizando a sua afirmação, diríamos que nosso exemplo é de demanda única, porém com dois fundamentos. Fatos e fundamentos jurídicos descritos na peça inicial. Dois fundamentos legais, lá mencionados. Uma *causa petendi*, e não duas. O pagamento realizado com base em lei inconstitucional, gerou o efeito jurídico pretendido, que é a obrigação de o Sujeito Ativo restituir ao contribuinte as quantias recebidas indevidamente a título de determinado tributo. Por seu turno, o contribuinte cuja pretensão insatisfeita originou a demanda judicial adquiriu direito subjetivo de crédito, valor pago indevidamente a ser restituído (portanto, exigível). O autor pagou indevidamente determinado tributo. Logo, a ação será considerada procedente, o que, pelo princípio da congruência, resultará em uma sentença, na qual o juiz prestará jurisdição "nos estritos limites do pedido que a parte lhe fizer".[221] Demanda única, porque único o Direito subjetivo.[222] O autor, com fundamento no artigo 165, inciso I, do CTN, tem o direito à restituição do pagamento espontâneo do tributo indevido. Explica Ovídio A. Baptista da Silva que "a circunstância de estarem os fundamentos de uma

---

[220] Alfredo Augusto Becker diz: "Dissecada em sua *estrutura lógica*, a regra jurídica se decompõe em duas partes: A) a *hipótese de incidência* ("fato gerador", suporte fáctico, *fattispecie*, *Tatbestand*); B) a *regra* (a norma, a regra de conduta, o preceito)". *Op. cit.*, p. 267.

[221] Ovídio A. Baptista da Silva, *in Curso de Processo Civil*, Vol. I, p. 120.

[222] "... visando o autor na demanda vários objetos, mediatos ou imediatos, há mais de uma ação, desde que, correspectivamente, diversos os direitos subjetivos de que provêm aquelas." Araken de Assis, *in Cumulação de Ações*, p. 135 (O grifo não está no original).

mesma demanda distribuídos por dois ou mais dispositivos legais, não implicará que existam necessariamente tantas ações quantos sejam os preceitos legais em causa".[223]

Outra situação: Se na data do vencimento o tributo não foi pago, vindo o sujeito passivo "y" a fazê-lo posteriormente de forma espontânea, então o valor será acrescido de multa moratória. Tendo em seguida demandado, além da restituição do valor pago a título de tributo (baseado em argumento de ilegalidade ou inconstitucionalidade qualquer), requer também seja devolvido o valor correspondente à multa paga, haja vista que, se indevido o tributo, o mesmo vale para a multa.

Podemos realizar uma dicotomia quanto às questões, tributo e multa, para identificação da natureza dos valores a serem restituídos. Quanto à parte atinente ao tributo, o pensamento desenvolvido quando da análise do exemplo anterior poderia ser aproveitado aqui.

O autor, na peça vestibular, revelará ao magistrado os fatos e fundamentos jurídicos que o confortam, no sentido de factibilizar a restituição do tributo pago indevidamente. Com relação à multa, os argumentos apontarão para a lógica da devolução. Porquanto, se indevido o tributo pago, máxime o será a multa. A decisão que julga procedente a ação quanto à restituição do tributo (principal), atingirá a multa (acessória). Assim, relativamente à multa, a mesma seria restituída pelo fato de o tributo ter sido considerado indevido.

Todavia, não necessariamente teremos de considerar assim. De um lado, teremos o tributo pago espontaneamente e, agora, objeto de pedido de restituição. De outro, multa por pagamento intempestivo de tributo, porém realizado de forma espontânea, também objeto de repetição. Quanto ao tributo, uma de duas, ou é devido, ou indevido face a ilegalidade ou inconstitucio-

---
[223] Ovídio A. Baptista da Silva, in Curso de Processo Civil, Vol. I, p. 447.

nalidade. Se indevido, deverá ser devolvido (um direito subjetivo, uma ação). Relativamente à multa, ela será indevida pelo mesmo destino do tributo pago, ou porque incabível sua exigência quando de recolhimento espontâneo. Poderá o magistrado entender que o tributo é devido (não ficou caracterizada a ilegalidade ou inconstitucionalidade), mas não a multa, face ao pagamento por iniciativa do contribuinte.

Agora, se devido o tributo (por não ter sido vislumbrada na sentença a inconstitucionalidade ou ilegalidade referentes a anterioridade ou irretroatividade), e a sentença julga procedente a demanda quanto à multa,[224] considerando que a mesma não seria devida, porquanto o artigo 138 do Código Tributário Nacional[225] não contempla esta exigência e é cediço que precedentes do Egrégio Superior Tribunal de Justiça[226] entendem estar a razão com o sujeito passivo, quais seriam os elementos integrantes, quanto ao tema?[227]

---

[224] Para o desenvolvimento do racicínio é o que basta. Entretanto, não olvidamos a lembrança de Paulo de Barros Carvalho, quanto ao entendimento da natureza jurídica das multas aplicadas no Direito Tributário. Tendo em vista o conceito legal de tributo existente no artigo 3º do CTN, naturalmente que teremos de um lado uma relação jurídico-tributária, de outro uma relação jurídico-sancionadora. Neste sentido, ver o citado mestre, *op. cit.*, pp. 197-198.

[225] O artigo 138 do CTN, diz: "A responsabilidade é excluída pela denúncia espontânea da infração, acompanhada, se for o caso, do pagamento do tributo devido e dos juros de mora, ou do depósito da importância arbitrada pela autoridade administrativa, quando o montante do tributo dependa de apuração."

[226] Recurso Especial nº 36.796-4-SP, 1ª Turma do Superior Tribunal de Justiça, Relator Ministro Humberto Gomes de Barros, DJU 22.08.1994. "Ementa: Tributário-ICM-Importação-Regime *Draw Back*-Mercadoria Comercializada em Território Brasileiro-Denúncia Espontânea (CTN, art. 138)-Multa Moratória. (...) contribuinte que denuncia espontaneamente, débito tributário em atraso e recolhe o montante devido, com juros de mora, fica exonerado de multa moratória (CTN Art.138)." No mesmo sentido, decidiu o Supremo Tribunal Federal, no Recurso Extraordinário nº 106.068-9-SP, 1ª Turma, Relator Ministro Rafael Mayer, DJU 23.08.1985.

[227] Neste momento devemos abrir parênteses, para fundir alguns elementos examinados anteriormente. Neste exemplo fictício, fala-se que a sentença não teria vislumbrado a inconstitucionalidade ou ilegalidade relativamente a

Nesse caso, o autor, nos fatos e fundamentos jurídicos do pedido, procurou demonstrar o que para ele era uma múltipla incidência. Tratava-se, de mais de uma norma jurídica, cada uma contendo uma hipótese de incidência, que, no caso concreto, não foi observada. Cobrança indevida de tributo, atingida pela inconstitucionalidade (por dois fundamentos, anterioridade e irretroatividade, ambos porém negados), e cobrança indevida de multa fulminada pela ilegalidade (o CTN, cujo *status* é de lei complementar, não contempla a multa exigida pela lei ordinária). A sentença pode considerar o tributo devido, dando provimento apenas quanto à inexigibilidade da multa.

Aparentemente, estamos diante de uma *contradictio in adjecto*, pois como pode o autor pedir a restituição de um tributo (que considera indevido) pago com multa (denúncia espontânea), por julgá-lo inconstitucional ou ilegal, e pretender ao mesmo tempo obter a devolução da referida multa (com base no citado artigo 138 do CTN)? Pedindo a restituição da multa com base no artigo 138 do CTN, que trata do instituto da denúncia espontânea, estaria partindo da premissa de que o tributo pago é devido, pois ao contrário, se indevido o

anterioridade ou irretroatividade. Poderíamos indagar: Houve ação declaratória incidental pretendendo ver definidas tais "questões"? Se positivo, e a respectiva decisão não vislumbrou as máculas argüidas (idem ao contrário) sobre a mesma recaiu a *auctoritas rei iudicatae*, impedindo o contribuinte de futuramente invocar esses vícios. Se negativo, houve mero pronunciamento judicial sobre as "questões", não fazendo, portanto, coisa julgada. Outro problema é a "questão" da não-incidência da multa (*rectius*: incidência da norma jurídica sobre o suporte fáctico, ...) nas hipóteses de denúncia espontânea, tanto que a procedência da repetição de indébito não implicará vínculo obrigatório de futuro magistrado ao pronunciamento de tal "questão", em se tratando de outras multas. O "ponto prejudicial" sobre o qual o contribuinte inicia sua sustentação via petição inicial, e a partir da contestação as partes controvertem, é elevado ao *status* de "questão prejudicial", conforme vimos linhas atrás. Ou como mais adequadamente afirma Francesco Menestrina: "*Unico scopo della questione pregiudiciale è di fissare entro alla cerchia del pendente processo un punto pregiudiciale, su cui le parti sono discordi; essa presuppone dunque la contestazione d'un punto pregiudiciale che è stato proposto da una parte al ragionamento del giudice*". *Op. cit.*, p. 139.

tributo, os "acessórios" o seguiriam quando da restituição. A *contradictio* é apenas aparente, sendo oportuno lembrar a questão atinente à cumulação de pedidos.

Na área jurídico-tributária, constantemente nos deparamos com diversas situações. Podemos encontrar determinada petição inicial requerendo a devolução de tributo e multa pagos conforme auto de infração, lavrado pela autoridade fiscal, por entender indevidos por alguma razão. Neste caso, estaríamos diante de uma cumulação sucessiva, em que a improcedência do pedido de restituição do tributo implicará a improcedência do pedido de devolução da multa. O autor pretende a procedência de ambos os pedidos.

Poderá ocorrer, entretanto, que o autor deseje a restituição de valores pagos a título de imposto sobre a renda das pessoas jurídicas e de contribuição social sobre o lucro, pagos no exercício "x". Neste caso, ambos os pedidos encontram-se formulados na mesma petição, porém a rejeição de um pedido não implica a do outro. O contribuinte poderá ser exitoso quanto à restituição dos valores pagos a título de contribuição social sobre o lucro e ver frustrado o pedido referente ao imposto sobre a renda das pessoas jurídicas. Essa seria hipótese de cumulação simples.

Um fato da experiência brasileira pode ser lembrado. É o caso dos contribuintes que demandaram contra a União Federal, relativamente ao extinto Finsocial (Decreto-Lei nº 1.940, de 25.05.1982, e alterações subseqüentes) e a posterior Contribuição Social sobre o Faturamento - Cofins (Lei Complementar nº 70, de 30.12.1991). Em uma mesma petição inicial (instrumento da demanda) foi requerida a devolução dos valores pagos a título de Finsocial (acima de 0,5%) e Cofins, ou esta hipótese, mais a declaração de inexistência de relação jurídica que obrigasse o demandante ao pagamento da Cofins (novel tributo). O destino dos dois tributos, sabemos: conforme as decisões do Egrégio Supremo Tribunal Federal, os contribuintes saíram vitoriosos quanto ao Finsocial; quanto à Cofins, a decisão favoreceu a União Federal. Nesse tipo de processo, tivemos o caso de cumulação simples (cumulação de pedidos *stricto sensu*). O contribuinte formulou mais de um pedido, almejando o acolhimento de todos (pretendia a devolução dos valores pagos indevidamente, como excedente no Finsocial e a totalidade de Cofins). O acolhimento de um pedido, entretanto, não dependia do acolhimento ou rejeição do outro. Assim, o pedido relativo ao Finsocial foi acolhido, e improcedente quanto à Cofins.

Tanto na cumulação simples, quanto na cumulação sucessiva (cumulação *stricto sensu*), é indispensável os pedidos serem compatíveis entre si.[228]

Poderá ocorrer que, tendo o contribuinte recolhido indevidamente determinado tributo, venha a ajuizar uma ação no sentido de obter uma declaração que reconheça direito à compensação do indébito, com crédito tributário superveniente. Caso o órgão judicial entenda impossível tal pretensão, que seja condenado o Fisco à restituição do tributo. Teremos aqui, o pedido de compensação como principal, e o de repetição do indébito como subsidiário. Estaríamos diante da hipótese do artigo 289 do CPC que diz: "É lícito formular mais de um pedido em ordem sucessiva, a fim de que o juiz conheça do posterior, em não podendo acolher o anterior." Tal hipótese denomina-se cumulação alternativa eventual de pedidos, isto é, pedidos alternativamente cumulados, conforme leciona o mestre Ovídio A. Baptista da Silva,[229] podendo os pedidos ser incompatíveis entre si (ou cumulação de pedidos *stricto sensu*, modalidade cumulação eventual, Barbosa Moreira).[230] Aqui haverá plurali-

---

[228] Barbosa Moreira, in *O Novo Processo Civil Brasileiro*, p. 17. Sendo hipóteses de cumulação *lato sensu* a "cumulação *alternativa*" e a "cumulação *eventual*", p. 16.

[229] Ovídio A. Baptista da Silva, in *Curso de Processo Civil*, Vol. I, p. 176.

[230] Barbosa Moreira, in *O Novo Processo Civil Brasileiro*, p. 16.

dade de demandas; mais precisamente duas demandas, porque dois os pedidos. "A cada pedido há que corresponder uma lide" (Ovídio A. Baptista da Silva).[231] A cumulação alternativa eventual não deve ser confundida com pedido alternativo que, como lembra Ovídio A. Baptista da Silva,[232] "corresponde às obrigações alternativas". Neste caso, "a demanda é uma só, um só o pedido". É o que reza o artigo 288 do CPC, *verbis*: "O pedido será alternativo, quando, pela natureza da obrigação, o devedor puder cumprir a prestação de mais de um modo". Barbosa Moreira diz que o pedido será alternativo quando tiver "dois ou mais objetos mediatos, (...) quando a obrigação puder cumprir-se mediante uma de duas ou mais prestações (obrigações alternativas, obrigações com prestação facultativa ou com faculdade de substituição)".[233] A multiplicidade não é de objetos imediatos do pedido; mas de objetos mediatos do mesmo (Barbosa Moreira).[234]

Não obstante tudo se originar da ordem jurídica estabelecida, em que mesmo os negócios jurídicos que buscam acompanhar a dinâmica empresarial atrelam-se à legalidade, poderíamos aqui ressaltar tal conseqüência na ótica do Direito Tributário em particular. É que, como sabemos, vige no Direito Tributário o princípio da estrita legalidade (art. 150, inc. I da CR). Assim, entendemos que as possibilidades de exemplificação para aclararmos o previsto no art. 288 do CPC ficam relativamente limitadas. Feita a ressalva, tentaremos exemplificar.

O Estado do Rio Grande do Sul, através da Lei nº 9.719, de 1.09.1992 (DOE 02.09.1992) (cognominada de "Balcão de Negociações"), estabeleceu, *verbis*:

---

[231] Ovídio A. Baptista da Silva, *in Curso de Processo Civil*, Vol. I, p. 176.

[232] Ovídio A. Baptista da Silva, *op. cit.*, Vol. I, p. 176.

[233] Barbosa Moreira, *in O Novo Processo Civil Brasileiro*, p. 14.

[234] Barbosa Moreira, idem, p. 16.

"Art. 1º - Os créditos tributários provenientes do Imposto sobre Operações Relativas à Circulação de Mercadorias e sobre Prestações de Serviços de Transporte Interestadual e Intermunicipal e de Comunicações (ICMS), cujo fato gerador tenha ocorrido até 31 de julho de 1992, constituídos até a data da vigência desta Lei, inclusive, desde que satisfeitas as condições nela previstas, poderão ser pagos:
I - com dispensa das multas previstas nos arts. 9º e 71 da Lei nº 6.538, de 27 de fevereiro de 1973, e alterações, se o pagamento integral ou, na hipótese de concessão de parcelamento, o pagamento da parcela inicial ocorrer até o 30º (trigésimo) dia subseqüente ao da data da vigência desta Lei;"

Suponhamos que determinado contribuinte, entendendo enquadrar-se neste dispositivo, tenha-se dirigido à repartição, requerendo o benefício, sendo-lhe negada tal pretensão, certamente por entendimento contrário.

O contribuinte demandando o Estado pede que ao valor devido de "x", ao ser pago, seja aplicado o benefício da "dispensa da multa" (anistia, art. 175, inc. II do CTN), ou, seja "concedido parcelamento" (moratória, art. 151, inc. I, do CTN). Julgada procedente a ação, o objeto mediato do pedido a ser concedido, será uma de duas, anistia ou o parcelamento. Não as duas.

Outro aspecto a ser enfocado, como o *caput* do art. 1, *in fine*, contém a expressão "poderão ser pagas", nossa leitura indica que a faculdade é do contribuinte; *ipso facto*, não incidirá o parágrafo único do art. 288 do CPC, que diz:

"Quando, pela lei ou pelo contrato, a escolha couber ao devedor, o juiz lhe assegurará o direito de cumprir a prestação de um ou de outro modo, ainda que o autor não tenha formulado pedido alternativo."

Como vimos, o exemplo acima procura ilustrar uma hipótese de cumulação alternativa (cumulação de pedidos, modalidade *lato sensu*) da qual, diante da procedência da ação, somente um dos dois objetos mediatos do pedido será atendido.

Voltando ao tema da cumulação alternativa eventual, o autor na petição inicial formulou pedidos nos termos do artigo 289 do Código de Processo Civil. Postulou fosse declarado o "direito à compensação do indébito tributário, com crédito tributário superveniente", acreditando ser o mesmo indevido.

No caso, a sentença, julgando procedente a ação, ensejaria ao contribuinte a compensação através de um encontro de contas (crédito fiscal *versus* crédito tributário; aquele do contribuinte, este do Fisco). Porém, teria afirmado que, não sendo possível o magistrado acolher, e nesta hipótese *ad argumentandum tantum*, que a ação fosse julgada procedente quanto ao pedido de restituição. Aqui, como não acolhido o pedido de declaração do direito de compensação do tributo pago, o juiz proveu o segundo pedido (restituição).

Estamos diante da existência de duas demandas. Os dois pedidos são incompatíveis entre si. O primeiro pedido parte da premissa da possibilidade de compensação da exação tributária paga e tida por indevida; o segundo, ao contrário, busca o bem da vida através de um pedido de restituição.

Sustenta Ovídio A. Baptista da Silva, na passagem de sua mencionada obra que, "se a lei declara lícita a formulação de 'mais de um pedido', está a indicar que se trata de mais de uma demanda, pois, como vimos, a cada pedido há de corresponder uma lide. Não há portanto, aqui, como na espécie anterior, uma demanda apenas, mas duas *ações*, sendo que a segunda é proposta para o caso de ser inviável a primeira. Neste caso, os pedidos podem, até mesmo, ser entre si incompatíveis, como se o autor pede a anulação do contrato ou, sendo tal demanda julgada improcedente, que o juiz decrete sua rescisão, ou até mesmo, que condene o réu a satisfazer o cumprimento de alguma de suas cláusulas. Está claro que os pedidos posteriores, alternativamente cumulados, são incompatíveis com o pedido antecedente, pois tanto a rescisão, quanto o cumprimento do contrato, pressupõe-no válido, ao passo que o pedido principal alegara sua nulidade. Neste caso, terá havido, é verdade, cumulação, mas apenas eventual, daí dizer-se que esta espécie corresponde a uma *cumulação alternativa eventual*." (Os grifos estão no original)[235] Em qualquer caso, não é demais lembrar que Schwab disse, "*varias pretensiones procesales constituyen varios objetos litigiosos*".[236]

De outra parte, haverá uma hipótese especial de cumulação de pedidos que interessa sobremaneira à angulação do presente trabalho. A mesma dar-se-á no andamento do processo quando, *verbi gratia*, o autor requerer de forma incidental a declaração do órgão jurisdicional, da "existência ou inexistência de relação jurídica prejudicial", nos termos dos artigos 5º e 325, ambos do CPC ("Art. 5º Se, no curso do processo, se tornar litigiosa relação jurídica de cuja existência ou inexistência depender o julgamento da lide, qualquer das partes poderá requerer que o juiz a declare por sentença". "Art. 325. Contestando o réu o direito que constitui fundamento do pedido, o autor poderá requerer, no prazo de dez (10) dias, que sobre ele o juiz profira sentença incidente, se da declaração da existência ou da inexistência do direito depender, no todo ou em parte, o julgamento da lide (art. 5º).")· Acreditamos que com os exemplos supra, tenhamos feito uma aproximação do entendimento do problema.

---

[235] Ovídio A. Baptista da Silva, pp. 176-177. E cumulação simples? Diz o processualista gaúcho: "Enquanto na chamada *cumulação alternativa eventual* o autor, embora cumulando os dois pedidos, apenas pretende a procedência de um deles, na *cumulação simples* somam-se os dois pedidos, uma vez que a pretensão do autor é obter os dois resultados." (Os grifos estão no original).

[236] Karl Heinz Schwab, *op. cit.*, p. 6.

Outro dado importante, e que devemos lembrar, é o conteúdo do artigo 75 do Código Civil, que afirma que "a todo o direito corresponde uma ação, que o assegura." Todavia é evidente que não se trata de qualquer "direito", mas, como lembra o processualista Ovídio A. Baptista da Silva, ao "direito" devemos acrescentar a "exigibilidade". O "direito" deve ser "exigível (pretensão)".[237]

Partindo desta colocação, podemos considerar que determinada petição inicial, ao narrar os fatos e fundamentos jurídicos do pedido e, baseando-se em duas normas jurídicas distintas (direito à repetição: art. 165 do CTN; e direito à compensação: art. 66 da Lei nº 8.383/91), contenha distintos direitos subjetivos (materiais) (pois foram preenchidos os respectivos suportes fáticos), *ipso facto*, dois pedidos alternativamente cumulados. Estaremos diante de duas ações de direito material. Tal consideração deflui não somente do direito positivo mencionado, mas da análise ora realizada.

A "ação" processual é una; a ação de direito material é que poderá ser única ou plural cumulada (nos termos em que se procura aqui demonstrar).

Relativamente à chamada *causa petendi*, pode ser dividida em remota (fatos jurídicos) e próxima (fundamentos jurídicos), "objeto de análise e de correspectiva relevância quanto à cumulação de ações" (materiais, frise-se), como bem lembra Araken de Assis.[238] Continuando, este fala que "em princípio, fatos jurídicos (*causa petendi* remota e ativa) são aqueles que preencham o suporte fático da regra jurídica, embora, por vezes, contemplem mais de um suporte e incidam em regras diversas. Neste caso, investindo-se alguém na titularidade de dois direitos subjetivos, independentes entre si, e fazendo-os valer na demanda, há duas ações materiais.

---

[237] Ovídio A. Baptista da Silva, in *Curso de Processo Civil*, V. I, p. 65.

[238] Araken de Assis, in *Cumulação de Ações*, p. 129.

Ao invés, a multiplicação dos fatos constitutivos do interesse de agir (*causa petendi* passiva) não desdobra a ação material, e, em muitas hipóteses, se acha embutida nos fatos jurídicos".[239]

Araken de Assis assevera ainda que "os fundamentos jurídicos (*causa petendi* próxima), que ligam os fatos jurídicos e ao pedido, ou seja, a conclusão, retirada dos fatos, da qual decorre o *petitum*, multiplicam a causa de pedir, e, portanto, a indicação de dois fundamentos jurídicos, mesmo a partir de um único complexo de fatos (tendo-se em conta, sempre, que a existência de mais de um conjunto de fatos, mesmo com idêntico efeito jurídico, importa cumulação) determina cúmulo de ações materiais".[240]

Com base na explicação acima transcrita, e à luz do que foi examinado até o momento, tentaremos transportar o entendimento para a área jurídico-tributária, tendo presente a hipótese das majorações de alíquotas e o contexto relativo ao Finsocial.[241]

Tal episódio, sabemos, foi apreciado pelo Egrégio Supremo Tribunal Federal,[242] que, tendo examinado o *leading case*, definiu em ementa que: "Contribuição Social. Parâmetros Normais de Regência. Finsocial. Balizamento Temporal. A teor do disposto no artigo 195 da Constituição Federal, incumbe à sociedade, como um todo, financiar, de forma direta e indireta, nos termos da lei, a seguridade social, atribuindo-se aos empregadores a participação mediante bases de incidência próprias (folha de salários, o faturamento e o lucro). Em norma de natureza constitucional transitória, emprestou-se ao Finsocial característica de contribuição social, jungindo-se a

---
[239] Para maiores detalhes, sobre a classificação em *causa* petendi ativa e passiva, v. Araken de Assis, idem, pp. 129-130.
[240] Araken de Assis, idem, p. 130.
[241] Finsocial instituído pelo Decreto-Lei nº 1.940, de 25.05.1982.
[242] RE nº 150.764-1/PE, relator Ministro Marco Aurélio, publicado no D.J.U. de 02.04.1993, p. 5.623/4.

imperatividade das regras insertas no Decreto-Lei nº 1.940/82, com as alterações ocorridas até a promulgação da Carta de 1988, ao espaço de tempo relativo à edição da lei prevista no referido artigo. Conflita com as disposições constitucionais (artigos 195 do corpo permanente da Carta e 56 do Ato das Disposições Constitucionais Transitórias) preceito de lei que, a título de viabilizar o texto constitucional, toma de empréstimo, por simples remissão, a disciplina do Finsocial. Incompatibilidade manifesta do artigo 9º da Lei nº 7.689/88 com o Diploma Fundamental, no que discrepa do contexto constitucional".[243]

A Corte Maior firmou, dessa maneira, entendimento de que foi indevida a criação da contribuição social sobre o faturamento, porque o expediente utilizado, qual seja, o de simplesmente fazer remissão à legislação do Finsocial, mantida provisoriamente pelo artigo 56 do ADCT, não teria o condão de validar o artigo 9º da Lei nº 7.689/88.

Assim, além de julgar inconstitucional o artigo 9º da Lei nº 7.689/88, também considerou com a mesma nódoa as posteriores majorações de alíquotas, perpetradas pelas Leis nºs. 7.787/89, 7.894/89 e 8.147/90, mais especificamente, os seus artigos 7º, 1º e 1º, respectivamente.

Isso posto, no sentido de rememorarmos os fatos ocorridos, passaremos a tentar minudenciar as idéias contextuais. O sujeito passivo da obrigação tributária em comento, que desejasse questionar a exação e repetir o indébito, alegaria em sua petição inicial (ação ordiná-

---

[243] O artigo 56 do ADCT diz: "Até que a lei disponha sobre o artigo 195, I, a arrecadação decorrente de, no mínimo, cinco dos seis décimos percentuais correspondentes à alíquota da contribuição de que trata o Decreto-Lei nº 1.940, de 25.05.1982, alterada pelo Decreto-Lei nº 2.049, de 1º.08.1983, pelo Decreto nº 91.236, de 08.05.1985, e pela Lei nº 7.611, de 08.07.1987, passa a integrar a receita da seguridade social ressalvados, exclusivamente no exercício de 1988, os compromissos assumidos com programas e projetos em andamento."

ria de repetição do indébito tributário, cuja restituição será nos termos do artigo 165, inciso I, do CTN), que nos dias tais realizou determinados pagamentos, conforme estão a comprovar os documentos que anexou, as circunstâncias, etc.

Os recolhimentos foram efetuados, por ter sido considerada realizada a hipótese de incidência[244] tributária, prevista no artigo 9º da Lei nº 7.689/88 (sendo que tal era o entendimento do Fisco).

Os fatos e fundamentos jurídicos expostos na petição inicial dar-nos-iam conta de que não poderia ser cobrado o tributo com supedâneo no artigo 9º da Lei nº 7.689/88. Tampouco, deveriam ser observados os artigos 7º da Lei nº 7.787/89, 1º da Lei nº 7.894/89 e 1º da Lei nº 8.147/90, que majoraram as alíquotas da Contribuição Social, pois, sendo inconstitucional aquele tributo objeto das pretendidas elevações, perderam razão de ser suas majorações.

Se indevido o tributo (na forma, evidentemente, do artigo 9º da Lei nº 7.689/88, porquanto o STF considerou em vigor o Finsocial nos termos do DL 1.940/82 até se tornar eficaz a LC nº 70, de 30.12.1991 que institui a Cofins), indevido será após as majorações de alíquotas levadas a cabo pela legislação já mencionada.[245]

Com base nos fatos, o autor irá realizar pedido de devolução dos valores pagos indevidamente. E qual

---

[244] Terminologia ao gosto do saudoso mestre Alfredo Augusto Becker (que preferimos seguir), o qual considerava: "Escolheu-se a expressão *hipótese de incidência* para designar o mesmo que outros autores denominam de *suporte fáctico* ou *Tatbestand* ou *fattispecie* ou *hecho imponible* ou *presupposto del tributo* ou *fato gerador*. Esta última expressão é a mais utilizada pela doutrina brasileira de Direito Tributário e, de todas elas, a mais infeliz, porque o *fato gerador* não gera coisa alguma além de confusão intelectual." *Op. cit.*, p. 288 (Os grifos estão no original).

[245] Para melhor entendimento, abstraímos neste momento a problemática de serem indevidas as majorações da alíquota do tributo (o que fica claro pela leitura do aresto do STF), ou se também o tributo seria indevido. O relevante neste momento, é a possibilidade de o sujeito passivo em demandar o sujeito ativo almejando uma repetição do indébito tributário ou uma compensação.

seria, neste exemplo, a causa remota de pedir? Consideramos que o conjunto de circunstâncias fáticas em que se deram os pagamentos (aspectos temporais, tais como hora, dia, mês e ano; aspectos espaciais, tais como local, Unidade da Federação, agência bancária; aspectos materiais, tais como guia utilizada para os recolhimentos, documentos que possibilitaram a apuração da base de cálculo, etc.), e o por que se deram (artigo de lei que ao remeter-se à outra, pretendeu valer, e das majorações de alíquotas que se seguiram) irá pertencer àquela categoria jurídica que Araken de Assis menciona como "*causa petendi* remota " (fatos jurídicos). Aqui vale a observação de que, dentre os mencionados, serão encontrados "fatos simples", que Araken de Assis prefere "indagar quais fatos gozam de relevância para distinguir a causa de pedir." Continua o processualista, "em princípio, desprezam-se os fatos simples, vale dizer, aqueles que, *per se*, não preenchem o suporte fático." Todavia, ele não exclui de todo, os chamados "fatos simples". É o que constatamos quando afirma, "... alteram-se circunstâncias e juntam-se ou abandonam-se fatos simples...".[246] Também nesse sentido é a afirmativa de José Frederico Marques, "... *fato* (causa remota) e os *fundamentos jurídicos do pedido* (causa próxima)".[247] Ou como diz Emilio Betti, a "*ragione fatta valere in giudizio (causa petendi) e all'oggetto della domanda giudiziale proposta (petitum)*"(O grifo está no original).[248]

Como "*causa petendi* próxima" (fundamentos jurídicos), considera-se o pagamento indevido realizado, enquanto fundado em dispositivo legal viciado de inconstitucionalidade, bem como as alterações de alíquotas já mencionadas, que majoraram o produto.

---

[246] Araken de Assis, in *Cumulação de Ações*, pp. 120-122.
[247] José Frederico Marques, *op. cit.*, Vol. I, p. 155.
[248] Emilio Betti, *op. cit.*, p. 251.

Acrescente-se a isso que, se o autor, além de pedir a devolução dos valores pagos indevidamente, requerer cumulativamente a compensação (nos termos do artigo 66 da Lei nº 8.383, de 30.12.1991)[249] e, neste caso, obviamente, em primeiro lugar, estaremos diante de duas ações de direito material (conforme já tivemos oportunidade de ver linhas acima). Tal hipótese é denominada por Ovídio A. Baptista da Silva de "cumulação alternativa eventual".

Dando outro enfoque ao caso apresentado, estamos diante da inconstitucionalidade do artigo 9º da Lei nº 7.689/88, pelo fato de ter sido criada contribuição social sobre o faturamento, bem como, pelo fato da inconstitucionalidade das majorações de alíquotas realizadas pelos artigos 7º da Lei nº 7.787/89, 1º da Lei nº 7.894/89 e 1º da Lei nº 8.147/90, conforme demonstrado nas linhas anteriores.

Assim, determinado sujeito passivo efetuou o pagamento nos termos dos dispositivos inconstitucionais. Logo, tais pagamentos realizados com base em normas inconstitucionais, e, portanto, indevidos, deram ao contribuinte titularidade de direito subjetivo (material), dotado de pretensão, que, em face da não-devolução por parte do Fisco (ou eventual admoestação por ter o sujeito passivo compensado unilateralmente), dinamizou a exigibilidade possuída por aquele.

Se os pagamentos são indevidos, o sujeito passivo tributário possui um crédito perante o sujeito ativo tributário. Depreende-se do artigo 165, inciso I, do CTN, que a "restituição" dos valores pagos indevidamente é um "direito subjetivo" do sujeito passivo tributário.

---

[249] Diz o *caput* do artigo 66 da citada lei: "Nos casos de pagamento indevido ou a maior de tributos, contribuições federais, inclusive previdenciárias, e receitas patrimoniais, mesmo quando resultante de reforma, anulação, revogação, ou rescisão de decisão condenatória, o contribuinte poderá efetuar a compensação desse valor no recolhimento de importância correspondente a período subseqüente".

Porém, devemos saber no caso se a "pretensão" pode ser realizada (o "crédito" do sujeito passivo tributário é "exigível"). A afirmativa se impõe.

Neste caso, o sujeito passivo tributário, agora autor, nos "fatos jurídicos" demonstrará os pontos envolvidos quando daquela ocorrência (afirmando o exemplificado linhas acima, como: conjunto de circunstâncias fáticas, aspectos espaciais e temporais, fundamentalmente o pagamento - *causa petendi* remota). A conclusão que daí advir constará dos "fundamentos jurídicos" (ou seja, o pagamento realizado é indevido, o porquê de ser indevido - *causa petendi* próxima), os quais ligarão os fatos jurídicos (*causa petendi* remota) ao *petitum* (nas palavras de Araken de Assis, "os fundamentos jurídicos ..., que ligam os fatos jurídicos e ao pedido, ou seja, a conclusão, retirada dos fatos, da qual decorre o *petitum*").[250] Encontraremos aí o direito subjetivo de que é titular o sujeito passivo tributário (direito de obter a restituição), mais o *quid* representado pela possibilidade de exercê-lo, exigir (direito subjetivo, mais pretensão em sua forma dinâmica).

Conclui-se daí que julgada procedente a demanda, transitará em julgado o *decisum*, que, neste caso, se limitará ao "pedido" de restituição dos valores pagos indevidamente, cuja "causa de pedir próxima" baseou-se no "direito subjetivo exigível" do autor.

Porém, se improcedente (a demanda onde se buscou a restituição dos valores), o autor não poderá ajuizar outra demanda, buscando, agora, a compensação. Os fatos e os fundamentos jurídicos do pedido são os mesmos. A *causa petendi* remota é a mesma, a *causa petendi* próxima, idem. Poderemos pensar que o pedido, sendo diverso, autoriza a pretensão, tendo em vista o pagamento indevido, cuidará do "direito subjetivo exigível", previsto no artigo 66 da Lei nº 8.383/91. Será a

---
[250] Araken de Assis, in *Cumulação de Ações*, p. 130.

declaração do direito à "compensação". Contudo, após o trânsito em julgado da sentença que julgou improcedente a demanda, ficou inviabilizada uma demanda posterior com base nos mesmos termos.

Relacionado diretamente a isso, está o que se chama de "efeito negativo" da coisa julgada. Conforme leciona Ovídio A. Baptista da Silva: "O efeito negativo da coisa julgada opera sempre como *exceptio rei iudicatae*, ou seja como defesa, para impedir o novo julgamento daquilo que já fora decidido na demanda anterior".[251] No primeiro processo, o pagamento não ficou caracterizado como indevido ou não foi considerado como tal. Permitir-se demanda posterior, ainda que buscando compensação, poderá ensejar decisão conflitante, que não se compadece com a sistemática do instituto.

Sumariando as diversas correntes doutrinárias, Barbosa Moreira efetua uma classificação tricotômica. Na função positiva, haveria necessidade de o juiz posterior "emitir *novo pronunciamento de conteúdo igual ao do anterior*". Função negativa, porquanto impede o juiz posterior de "*rejulgar*". E, por fim, na posição eclética, estariam presentes a função negativa e a função positiva da *res iudicata*. Aquela estaria evidenciada quando questão decidida no processo anterior surgisse no posterior como principal, e esta, na hipótese de surgi-la como questão prejudicial (Os grifos estão no original).[252]

---

[251] Ovídio A. Baptista da Silva, in *Curso de Processo Civil*, Vol. I, p. 431. Diz o mestre que o efeito positivo "corresponde à utilização da coisa julgada propriamente em seu conteúdo, tornando-o imperativo para o segundo julgamento".

[252] Barbosa Moreira, in *Questões Prejudiciais e Coisa Julgada*, p. 70. Prosseguindo, o autor que adere a corrente da função negativa da *res iudicata*, diz: "repercussão no tratamento que se há de dar à decisão posterior, se o juiz, para proferi-la, torna a apreciar a questão: caso se considere meramente *negativa* a função da *res iudicata*, a nova decisão estará viciada *ainda que se conforme*, no seu teor, com a primeira, ao passo que, na perspectiva oposta, só haverá vício se o segundo pronunciamento for dado *em sentido contrário* ao do antecedente*", p. 72 (Os grifos estão no original). Enrico Tullio Liebman, *op. cit.*, pp. 59-60, assevera que, "... tem a autoridade da coisa julgada função meramente negativa. (...) Tal função positiva, assim chamada, da

Retornando à questão da compensação, é oportuno lembrar que não se trata de qualquer hipótese que a acepção possa indicar através de mera análise literal. Mas de compensação que, a partir do geral (CTN: "art. 170. A lei pode, nas condições e sob as garantias que estipular, ou cuja estipulação em cada caso atribuir à autoridade administrativa, autorizar a compensação de créditos líquidos e certos, vencidos ou vincendos, do sujeito passivo contra a Fazenda Pública."), chega ao particular (art. 66 da Lei nº 8.383/91), no qual o contribuinte se baseará. Queremos dizer que, sendo este direito à compensação um direito subjetivo do contribuinte, *per se* não chancelará qualquer demanda, senão aquela oriunda de uma efetiva resistência, por parte do Fisco, do procedimento adotado pelo sujeito passivo tributário. Em outras palavras, queremos dizer que, não havendo resistência por parte do Fisco à compensação pretendida pelo contribuinte, este não terá legitimidade em demandar aquele na falta de resistência. Todavia é importante frisar que a falta de resistência anterior não tira a legitimidade do contribuinte, na hipótese de comparecimento da Fazenda em juízo, contestando a ação, explicitando, assim, a razão do sujeito passivo tributário.

Fazemos essa leitura a partir da referência que nosso mestre Ovídio A. Baptista da Silva[253] faz a Pontes de Miranda.[254] Este diz o seguinte: "A decisão sobre a falta de necessidade de tutela jurídica supõe que o demandante possa alcançar a finalidade sem pedido à justiça, ou que a justiça nada possa fazer. O pressuposto

---

coisa julgada, com esta nada tem que ver, e é simplesmente a eficácia natural da sentença". Contudo, Araken de Assis, *in* Eficácia Civil da Sentença Penal, lembra que Giovanni Pugliese invoca diversos autores para demonstrar a insuficiência e debilidade da função negativa do instituto da coisa julgada, p. 159.

[253] Ovídio A. Baptista da Silva, *in Curso*, Vol. I, p. 89.

[254] Pontes de Miranda, *in Comentários ao CPC*, Tomo I, p. 157.

é de ordem pré-processual. O interesse, de que se trata, é, por conseguinte, precisamente, o interesse pré-processual em que se tutele o direito. Se há caminho presto, só dependente do titular do direito, como se tem ele dinheiro do réu, com que possa por algum efeito jurídico compensar, sem necessidade de decisão judicial, não precisa ir a juízo". Neste sentido, o professor Ovídio A. Baptista leciona, "... alguém que ajuize uma ação de cobrança contra o réu, *tendo o autor em seu poder dinheiro daquele, com que poderia compensar o seu crédito, sem necessidade de decisão judicial condenatória do pagamento* (...) *a ação deveria ser repelida por falta de interesse processual*" (Os grifo não estão no original).

Pois bem, retornando aos elementos mais diretamente ligados ao tema, extrai-se a relevância de categorias processuais indispensáveis. É o que ensina José Frederico Marques, "... a pretensão contida no 'pedido, com suas especificações'... é que demarca a área do litígio a ser julgado..., tanto mais que é com elementos próprios da pretensão que se individualizam as ações." Arrematando, diz: "A *causa petendi* é a razão da pretensão, enquanto que o pedido é a própria pretensão levada ao juiz , ou seja, a exigência nela contida, compondo o pedido" (Os grifos não estão no original).[255]

Ou, numa visão carneluttiana, "razão da pretensão é seu fundamento segundo o direito, a coincidência entre a pretensão e uma relação jurídica ativa". Ou seja, não só o direito subjetivo material, mas também a ação funcionam como razão da pretensão, passando a operar uma dicotomia da "razão" em "motivos" (fatos jurídicos que embasam a pretensão) e "conclusões" (efeitos correspondentes aos fatos). Verificado que a relação jurídica a que ele chama "ativa" nasceu em face da ocorrência de determinado fato, previamente constante da regra jurídica, o mestre italiano conclui que as "razões" se

---
[255] José Frederico Marques, *op. cit.*, pp. 152-153.

distinguem em "*razones de hecho* (*elementos de hecho*) e *razones de derecho* (*elementos de derecho*)" (Os grifos são do autor).[256]

Analisamos hipóteses de restituição e compensação de tributos pagos indevidamente. Contudo, poderá ocorrer de o autor deparar-se com uma autuação fiscal (modalidade de lançamento *ex officio*, artigo 149 do CTN). Abstraindo-se a hipótese de eventual cabimento de mandado de segurança, o sujeito passivo tributário poderá ajuizar "ação anulatória do ato declarativo da dívida" (artigo 38 da Lei nº 6.830, de 22.09.1980).[257] Nesse caso, o autor mencionará, na *causa petendi* remota, os "fatos" que envolveram o lançamento, aproveitando-se o que foi dito acima a respeito da inconstitucionalidade da exação, e na *causa petendi* próxima, suas conclusões relativas ao seu "direito subjetivo e respectiva pretensão", o que redundará em um "pedido" de "anulação do débito fiscal lançado" (apesar da denominação positivada, "ação anulatória do ato declarativo da dívida", consideramos como de natureza "constitutiva negativa" ou "desconstitutiva").[258]

Todavia, se o sujeito passivo tributário demandou o Poder tributante e não obteve êxito quando buscou a restituição de determinado tributo, o segundo terá a segurança jurídica de que o primeiro não poderá repetir a demanda. Ou seja, na hipótese de lançamento de ofício, a ação anulatória seria inócua, haja vista a Fazenda Pública estar protegida pela autoridade da coisa julgada a seu favor, na demanda repetitória. O mesmo

---
[256] Francesco Carnelutti, *op. cit.*, Vol. I, pp. 32-34.

[257] Denominada "Lei de Execuções Fiscais". Quanto à localização positivada, como lembra Dejalma de Campos, situa-a no artigo 169 do CTN, "o qual chamou de ação anulatória da decisão administrativa, que denegar restituição." *In Direito Processual Tributário*, p. 95.

[258] Hugo de Brito Machado diz: "A anulatória não, pois tem como pressuposto exatamente o ato ou procedimento administrativo que busca desconstituir." *In Mandado de Segurança em Matéria Tributária*, p. 30.

ocorre com eventual pretensão compensatória (o "bem da vida" pretendido é o mesmo). De alguma maneira, pensamos que esses elementos auxiliam no entendimento a respeito da parte central do tema. Também poderão concorrer a esse desiderato as respostas das seguintes perguntas: O que quero? "A devolução, a compensação, ..., dos valores pagos indevidamente". Por que quero? "Porque tenho um direito subjetivo a tal". Por que tenho esse direito subjetivo (à restituição, compensação, etc.)? "Porque efetuei pagamento baseado em norma inconstitucional. Passei à condição de credor perante o sujeito ativo tributário, possuo um crédito fiscal." Por que, tenho a pretensão de querer? "Porque meu direito subjetivo é exigível (exijo a devolução, pois junto de meu direito subjetivo existe um *quid*, algo suficiente para torná-lo exigível, isto é, minha pretensão)".

Vimos, linhas atrás, a existência das teorias da individualização e da substanciação. Nesta, positivada entre nós, os fatos apresentam-se como basilares à identificação da demanda. Porém, lembrando que nosso universo não é o das ciências ditas exatas, poderemos nos deparar com fatos novos e peculiares, e junto com eles, a dúvida de serem pertinentes ou não no que tange à identificação da demanda.

Entretanto, Ovídio A. Baptista bem adverte a propósito da dificuldade da fixação matemática da resposta, quando afirma que "nem a irrelevância absoluta e nem a completa relevância dos fatos. Hão de haver fatos que entram na individualização da *causa petendi*; outros indiferentes, cuja mudança não implica mudança da ação".[259]

Não se deve fazer *tabula rasa* dos elementos que são postos, e em cada demanda deverão ser pesados e avaliados, no sentido de se buscar a sua localização no contexto, com a maior precisão possível.

[259] Ovídio A. Baptista, *in Sentença e Coisa Julgada*, p. 163.

Todavia, não podemos ficar perdidos em um universo de elementos. Há que joeirar. Imprescindível lançarmos mão, analogamente, do princípio erigido por William Ockham, denominado de "navalha de Ockham" (*Entia non sunt multiplicanda praeter necessitatem*),[260] para termos com Pontes de Miranda[261] que "... se ela corta entidades que são dispensáveis e (segundo o princípio) impede que se multipliquem por necessidade ou comodidade, o espírito humano precisa de conceitos para se exprimir e esses conceitos servem *enquanto correspondem a dados experimentais*. Cortar toda a vegetação desnudaria o terreno; corta-se a que não serve, deixa-se a que serve e brota outra que foi de mister" (O grifo é do autor). Em nosso contexto, o que serve e o que não serve? Ovídio A. Baptista, mais uma vez, chamou a atenção para a dificuldade. Não é crível que somente através da teoria abstrata encontraremos a resposta. O Direito está vinculado ao mundo das coisas, à realidade do cotidiano. É aí que acreditamos serão encontrados os elementos relevantes à determinação da especificação da demanda, coisa julgada, etc. O magistrado, ao eleger a premissa, estará mostrando a dialeticidade do Direito, a "escolha determina a construção lógica", conforme leciona Juarez Freitas.[262] O que não nos exime de sustentarmos o que foi exposto: fatos e fundamentos que têm como gênese o direito objetivo, de cujo suporte deflui o fato jurídico, dando nascimento a um direito subjetivo (*e.g.* direito à restituição) que, no particular, não foi satisfeito, e *causa petendi*, cujo pedido culminará (*e.g.*) em repetição do indébito tributário. Tudo devidamente deduzido em juízo através da "ação" processual, cujo *decisum*, ao reconhecer o direito, reconheceu a ação de

---

[260] "Não se deve multiplicar os entes existentes além do necessário." Nicola Abbagnano, *op. cit.*, p. 360. No mesmo sentido Hilton Japiassu e Danilo Marcondes, *op. cit.*, p. 184.

[261] Pontes de Miranda, *in O Problema Fundamental do Conhecimento*, p. 275.

[262] Juarez Freitas, *in A Interpretação Sistemática do Direito*, p. 37.

direito material. E, nos termos de nosso diploma processual, "não farão coisa julgada os motivos, e a verdade dos fatos, estabelecida como fundamento da sentença" (artigo 469 do CPC) e as "questões decididas" salvo tratar-se de relação jurídica continuativa (nas hipóteses do inciso I, artigo 471 do CPC).

Afinal, qual o sentido da "coisa julgada" enquanto categoria jurídica senão o desiderato da estabilidade das relações intersubjetivas, cujo reflexo do particular dar-se-á no universal, e vice-versa.

Não poderão os limites objetivos da coisa julgada ser tão amplos a ponto de abranger o que não foi pretendido pelo autor na petição inicial. Tampouco deverão ser restritos, a ponto de ser vislumbrada uma decisão *secundum eventum litis*, hipótese que só atingirá o autor se lhe for benéfica. Nem haverá de ser invocado determinado contorno dos limites objetivos da coisa julgada, em sede de Recurso Extraordinário, para simplesmente caracterizar-se como conflitantes decisões que, após confrontadas, não se singularizam como tais de maneira insofismável. Por se tratar de questão infraconstitucional, conforme tem entendido o Egrégio Supremo Tribunal Federal, a via adequada seria o Recurso Especial.[263]

Aqui estamos falando de relações ditas "clássicas" ou individuais, abstraindo-se os efeitos da coisa julgada nas ações coletivas.[264] Por quê? Simples: ao sujeito passi-

---

[263] "Ementa: Recurso Extraordinário. Argumento de afronta aos artigos 5º-II, XXXV, XXXVI e LV e 93-IX da Constituição. (...) II - Limites objetivos da coisa julgada: a jurisprudência do Supremo Tribunal orienta-se no sentido de que 'interpretação de acórdão para a fixação dos limites objetivos da coisa julgada, a não ser quando manifestamente contrária ao decidido, é questão que não se alça ao plano constitucional do desrespeito ao princípio de observância da coisa julgada, mas se restringe ao plano infraconstitucional, configurando-se, no máximo, ofensa reflexa à Constituição, o que não dá margem a recurso extraordinário (RE 170.906). III - Recurso Extraordinário não conhecido"(RE nº 192243-5/RJ, 2ª Turma, Relator Ministro Francisco Rezek, unânime, DJU 09.05.1997, p. 18.143, Seção 1).

[264] Sobre este ponto, v. Carmem Luiza Dias de Azambuja, *in Rumo a Uma Nova Coisa Julgada*, p. 121.

vo seria desejável[265] que, nas relações jurídicas de tributação, havendo dúvida quanto à legalidade ou constitucionalidade de determinada exação, fosse possível repetir a lide até obter uma decisão favorável. Pensamento oriundo do sentimento de injustiça que acometeu aqueles contribuintes que soçobraram nos tribunais inferiores. É bem verdade que, posteriormente, a Corte Suprema pátria acolheu tese semelhante, agora argüida por outros.

Foi o caso da exação oriunda do pagamento a administradores e autônomos. Os contribuintes em geral, em face da Lei nº 7.787, de 30.06.1989, passaram a ser tributados pelo Instituto Nacional do Seguro Social (INSS), à época Instituto de Administração Financeira da Previdência e Assistência Social (IAPAS). O referido diploma legal assim dispôs: "Artigo 3º. A contribuição das empresas em geral e das entidades ou órgãos a ela equiparados, destinada à Previdência Social, incidente sobre a folha de salários será: I - de 20% (vinte por cento) sobre o total das remunerações pagas ou creditadas a qualquer título, no decorrer do mês, aos segurados, empregados, avulsos, autônomos ou administradores."

Inúmeras foram as demandas judiciais que buscaram tutela jurisdicional no sentido de ser declarada inconstitucional (*incidenter tantum*), a expressão *avulsos*, *autônomos* e *administradores*, quanto à folha de salários, contida no inciso I. Tal declaração também era desejada nas ações que almejavam uma repetição do indébito, ou que, pela via do mandado de segurança, visavam a afastar o ato da autoridade competente e, posteriormente, àqueles que pretendiam compensação. Em qualquer hipótese, a decisão pretendida estaria baseada na inconstitucionalidade dos elementos acima citados (neste momento colocaremos em *epoché* as demais hipóteses,

---

[265] Desejável, e não factível, tendo em vista a lógica interna do Direito Positivo vigente.

porquanto trabalharemos com o resultado obtido junto à Suprema Corte, que é o que existe de real-concreto).

Em determinada altura dos acontecimentos, predominaram decisões de primeiro e segundo graus de jurisdição, contrárias aos interesses dos contribuintes. Entendiam os Tribunais que a expressão *folha de salários*, existente no inciso I do artigo 195 da Constituição Federal, abrangia os pagamentos realizados a avulsos, autônomos e diretores.

Diante desse panorama, várias foram as situações. Alguns deixaram de apresentar recurso à instância extraordinária. Outros, tendo tardiamente demandado e obtido uma decisão de primeiro grau de jurisidição desfavorável, não apelaram, resultando que, após o *trânsito em julgado*, os autos retornaram à origem e foram arquivados.[266]

Em momento posterior, o Egrégio Supremo Tribunal Federal declarou inconstitucional a referida expressão (*avulsos, autônomos* e *administradores*) acolhendo a pretensão dos contribuintes.[267]

O problema ficou para aqueles contribuintes que não recorreram das decisões desfavoráveis, quer das monocráticas, quer daquelas emanadas dos Egrégios Tribunais Regionais Federais.

Nestes casos, passa-se a formular a seguinte indagação: tendo tais decisões transitado em julgado, qual o alcance das mesmas quanto à coisa julgada? Mais precisamente, quais os *limites objetivos da coisa julgada*? A resposta será encontrada após a análise do caso concreto. Do universo de situações, podemos citar a grande

---

[266] Vários casos assim ocorreram, por razões de planejamento tributário, pois à época foi editada a Lei nº 8.620, de 05.01.1993, que proporcionava aos contribuintes parcelamento em até 96 (noventa e seis) vezes (artigo 9º, inciso I), com redução (artigo 11, parágrafo 3) em até 50% da multa devida. Certamente a lei, ao acenar com possibilidade de parcelamento longo e redução de multa seduzia bem mais do que uma perspectiva desfavorável aos contribuintes na via judicial.

[267] Recurso Extraordinário nº 177.296, decisão plenária em 15.09.1994.

quantidade de mandados de segurança. Como veremos no ponto a seguir, algumas decisões em mandado de segurança não impedem que o impetrante busque o seu direito na via própria.

3.2.3.2. Mandado de segurança

Tivemos oportunidade de introduzir o assunto do mandado de segurança no Capítulo "2.4.1.", e lá foi registrado que nosso interesse se focaliza nas hipóteses em que ocorre a coisa julgada, como em qualquer outra ação.

Os arts. 15 ("a decisão do mandado de segurança não impedirá que o requerente, por ação própria, pleiteie os seus direitos e os respectivos efeitos patrimoniais") e 16 ("o pedido de mandado de segurança poderá ser renovado se a decisão denegatória não lhe houver apreciado o mérito") da Lei nº 1.533/51, analisados conjuntamente, revelam uma parte da fenomenologia a que está sujeita esta ação em particular e as demais ações no geral, porquanto a "força de lei" do art. 468 do CPC pressupõe sentença de mérito. O art. 16 mencionado neste particular não diz diferente do art. 468 do diploma processual. Se houver sentença de mérito, ocorrerá coisa julgada substancial, não se tratando de dar alcance *secundum eventum litis*. Mais, o art. 16 da LMS, ao ensejar a renovação da demanda face à inexistência de decisão de mérito, parece-nos que não diz diferente do previsto no art. 268 do CPC (1ª parte): "Salvo o disposto no art. 267, n. V, a extinção do processo não obsta a que o autor intente de novo a ação". Não é exclusividade do mandado de segurança a possibilidade de renovação da discussão, desde que não apreciado o mérito.

Consideremos a hipótese de ter sido ajuizado mandado de segurança contra ato de autoridade previdenciária que se baseara em lei inconstitucional, buscando-se tutelar, assim, direito líquido e certo. Pela Lei nº 1.533, de 31.12.1951, relativa ao *writ of mandamus*, temos: "Art. 1º Conceder-se-á mandado de segurança para proteger direito líquido e certo, não amparado por *habeas-corpus*, sempre que, ilegalmente ou com abuso do poder, alguém sofrer violação ou houver justo receio de sofrê-la por parte de autoridade, seja de que categoria for e sejam quais forem as funções que exerça".[268]

Nos termos da mencionada legislação, e diante da exigência autárquica, o sujeito passivo teria impetrado mandado de segurança, buscando proteger direito líquido e certo, qual seja, o enquadramento pretendido (a exação) não estaria amparado na Constituição Federal.

O texto ordinário pretendeu incluir na hipótese de incidência oportunizada pela Carta Magna, situações nesta não-previstas. Seguindo normalmente, o mandado de segurança, culminou com decisão de mérito, denegando-o.

Entendeu o magistrado, por hipótese, que o impetrante não possuía direito líquido e certo (caso ocorresse julgamento do mandado sem análise do mérito, não haveria maiores dificuldades em sabermos da possibilidade de ajuizarmos nova demanda, pois a própria Lei nº 1.533/51, como já vimos, em seu artigo 16, o admite; corroborando isso, a esta decisão aplica-se a Súmula nº 304 do Egrégio Supremo Tribunal Federal: "Decisão denegatória de mandado de segurança, não fazendo coisa julgada contra o impetrante, não impede o uso de ação própria").

Pois bem, nos termos postos, a sentença em mandado de segurança, ao analisar o mérito, parece-nos óbvio, poderá conceder ou denegar a segurança somente em

---
[268] Art. 5º da Constituição Federal: "LXIX - conceder-se-á mandado de segurança para proteger direito líquido e certo, não amparado por *habeas-corpus* ou *habeas-data*, quando o responsável pela ilegalidade ou abuso de poder for autoridade pública ou agente de pessoa jurídica no exercício de atribuições do Poder Público;"

face da existência ou inexistência de direito líquido e certo. Nada mais. Caso contrário (o algo mais) estaríamos diante de decisão *extra* ou *ultra petita*, máxime se considerarmos o *princípio da adstrição* da sentença ao pedido. Assim, não entendemos possível decisão em mandado de segurança, que vá além do reconhecimento ou não da existência de direito líquido e certo de que seja titular o impetrante.

Nessa linha de raciocínio, é infundada a preocupação quanto à decisão que denega a segurança, ao apreciar o mérito do pedido, entender que o impetrante "não tem direito algum". Salvo nosso engano, "direito algum foi pedido", mas sim a tutela de determinado direito líquido e certo. Este sim, ou existe, ou não existe.[269]

Caso seja reconhecido o direito líquido e certo do impetrante, o magistrado mandará a autoridade coatora abster-se da prática de tal ou qual ato, por se tratar de ação e respectiva sentença com eficácia preponderantemente mandamental.

Contudo, se afirmada na decisão a inexistência de direito líquido e certo, o impetrante estará impedido de renovar a discussão, seja através da via mandamental, ou não. Este, parece-nos, um sentido possível da Súmula 304 do Supremo Tribunal Federal diante de uma interpretação sistemática. Com efeito, decisão extinguindo o processo denegará *ipso facto* a segurança, máxime quando não apreciar o mérito, carecendo, então, de coisa julgada.

Não negamos que é sedutora a tese de Seabra Fagundes, quando afirma que "apenas no caso de denegação é que a sentença carece da autoridade de coisa

---

[269] Theotonio Negrão, *in Código de Processo Civil*, nos informa: "A jurisprudência do STF, dando entendimento a esta Súmula (304), vinha afirmando que a decisão que denega a segurança, se aprecia o mérito do pedido e entende que o impetrante *não tem direito algum* (e não que apenas lhe falta direito líquido e certo), faz coisa julgada material, impedindo a reapreciação da controvérsia em ação ordinária (RTJ 38/184,...), e comporta, inclusive, ação rescisória...", p. 1.121 (O grifo não está no original).

julgada. A ela pode sobrevir ação ordinária com objetivo idêntico ao do mandado de segurança (Lei nº 1.533, de 31.12.1951, art. 15). Mas, aí se explica que assim seja, porque a denegação da segurança importa negar que o direito seja líquido e certo, porém não nega a existência de um direito sem essa qualidade de liquidez e certeza. Logo, se um direito sem tais requisitos pode existir não obstante a denegação, deve-se supor cabível, em princípio, a ação ordinária. Quando o mandado de segurança é concedido, a situação se mostra diferente. Considera-se que há um direito e da melhor qualidade (um *direito líquido e certo*). Assim sendo, não há lugar para o apelo a outra via processual, a não ser a rescisória para anular a sentença".[270]

A exposição de Seabra Fagundes nos fascina pela simples possibilidade do conforto que é proporcionado ao contribuinte em "repetir" a demanda (agora ordinária) atendidas aquelas condições (denegação da segurança). É bem verdade que a literalidade do art. 15 da LMS não explicita se a "decisão" é a de procedência ou improcedência. E aí diríamos que, em qualquer caso, o contribuinte poderia buscar os seus direitos e efeitos patrimoniais. Agora, como a hermenêutica recomenda interpretação sistemática para evitarmos a denominada "interpretação em tiras", o vizinho art. 16 da mesma LMS, ao autorizar a "renovação" da discussão, condiciona "não" ter sido "apreciado o mérito". Em semelhante contexto, poderíamos lembrar que isso não é nenhum privilégio do mandado de segurança (art. 268, 1ª parte, c/c art. 267, ambos do CPC).

---

[270] M. Seabra Fagundes, *op. cit.*, p. 306. Diferentemente do sustentado em nosso trabalho, e seguido por inúmeros juristas de nomeada, diz Hely Lopes Meirelles, in *Mandado de Segurança, Ação Popular, Ação Civil Pública, Mandado de Injunção, Habeas-Data*, p. 75: "Não faz *coisa julgada*, quanto ao mérito do pedido, a decisão que apenas denega a segurança por incerto ilíquido o direito pleiteado".

Outro aspecto da afirmativa do sempre mestre Seabra Fagundes de que a "denegação da segurança" importaria a negação de "direito líquido e certo", não, contudo, a existência de um "direito propriamente dito", faz-nos lembrar que a diferença entre ambos é, no mínimo, de *status iuris*, em que este alcançará tal condição na sentença, após ter ultrapassado as diversas fases, dentre as quais a probatória, por exemplo, nas ações ordinárias. Esta, parece-nos, é a dinâmica interna do processo. Se busco fixar determinadas questões dentro do processo para fazer gerar uma certeza, o CPC concede a ação declaratória incidental prevista no art. 5º. Quanto à sentença de procedência afirmar a existência de um "direito da melhor qualidade", achamos ser esta a vocação das sentenças de procedência.

Assim como Seabra Fagundes, Hugo de Brito Machado, de maneira expressa, admite a ausência de coisa julgada nas decisões que denegam a segurança, "com ou sem exame de mérito", divergindo ambos, porém, ao focalizar a atenção não quanto à *auctoritas rei iudicate*, mas aos limites do instituto, lembrando que as *quaestio facti et iuris* não são alcançadas pela coisa julgada, que só atinge o "objeto do pedido".[271]

Pensamos que argumento sob este pálio, não olvidando nossa posição quanto ao principal, pode causar efeito inverso ao deixar uma lacuna à eficácia preclusiva da coisa julgada, por força do estatuído no art. 474 do CPC (Capítulo 3.2.3.4). Se deslocarmos o foco de análise da coisa julgada para seus limites objetivos, e no caminho simplesmente enunciarmos que as questões de fato e de direito não são cobertas, teríamos dito uma parte. Acrescentando-se a problemática da eficácia preclusiva, colmatamos a lacuna. Isso não infirmará a possibilidade de propor nova demanda (*e.g.*, novo mandado de segu-

---

[271] Hugo de Brito Machado, *in Mandado de Segurança em Matéria Tributária*, pp. 192-195. Ver, ainda, do mesmo autor, *Coisa Julgada em Matéria Tributária in* Revista de Direito Tributário nº 53, de julho-setembro de 1990, p. 104.

rança, art. 16 da LMS) nas hipóteses em que não foi julgado o mérito. Entendemos que decidir acerca da existência ou não de direito líquido e certo, é decidir o "mérito".[272] Denegado o mandado de segurança, reservada à parte estará a via ordinária (art. 15 da LMS, e Súmula 304 do STF, cuja leitura passaríamos a fazer da seguinte maneira: o uso de ação própria é possível em qualquer situação em que demanda precedente foi extinta sem julgamento de mérito).[273]

Por outro lado, a afirmativa pura e simples de que as *quaestio facti* e *quaestio iuris* não são alcançadas pela *auctoritas rei iudicate*, pode eclipsar o pensamento e deixar passar despercebido que o efeito será o mesmo, caso tal fato ocorra. É que a eficácia preclusiva veda a rediscussão da matéria se a intenção for a modificação ou supressão do bem da vida dado a uma das partes pela sentença de processo pretérito.

3.2.3.3. Ação ordinária

Agora, suponhamos que o sujeito passivo tenha efetuado pagamentos, relativos à contribuição em comento, à autarquia federal. Tais recolhimentos, à época, presumiam-se, devidos. Existia norma jurídica cuja hipótese de incidência se realizou, etc. Em dado momento,

---

[272] E não "condições especiais da ação". Carlos Eduardo Manfredini Hapner, in *Aspectos da Coisa Julgada e do Mandado de Segurança em Matéria Tributária*, p. 53.

[273] Entendemos que seria mais apropriada uma leitura do art. 16 da LMS, quanto à expressão "decisão denegatória", ler-se, "extinção do processo sem julgamento do mérito". "Decisão denegatória" rejeita. Rejeita o pedido, como tal, aprecia o mérito, conforme prevê o art. 269, inc. I, do CPC. Neste sentido harmoniza-se com o pensamento daqueles em que a denegação, julgando ou não o mérito, poderia ser novamente proposta. Agora, lido o dispositivo da maneira em que posto por nós, a interpretação conjunta com o art. 269, inc. I, do CPC, indicaria uma decisão de mérito, se trânsita em julgado, somente poderá ser modificada via ação rescisória. Entretanto, se confrontada a leitura do art. 16 da LMS com o art. 267 do CPC, a propositura de nova demanda tornar-se-á possível, haja vista a inexistência de decisão de mérito.

o sujeito passivo, entendendo indevidos os pagamentos que vinha realizando, resolveu pedir judicialmente a devolução dos mesmos. A lide teve como elemento basilar a inconstitucionalidade da exigência. Ou melhor, foi sustentada a inconstitucionalidade da exação e, *ipso facto*, a devolução deveria ser operada. Foi o pedido do autor. O autor não desejou outra coisa a não ser a devolução dos pagamentos efetuados. Tal pretensão estava amparada no artigo 165 do Código Tributário Nacional. No particular, o direito à restituição total do "tributo indevido", pago espontaneamente, que o sujeito passivo tributário alegava possuir.[274]

Pois bem, julgada procedente a demanda (Ação Ordinária de Repetição do Indébito Tributário), o sujeito passivo tributário, através de precatório, receberá os valores pagos indevidamente, nos termos do artigo 100 e

---

[274] Paulo de Barros Carvalho aponta que a expressão "tributo indevido" é criticada por alguns. Tributo é só o que seria devido (neste sentido Bernardo Ribeiro de Moraes, citando Fábio Fanuchi e com ele concluindo que "... tributo indevido' não é tributo, pois o indevido não é tributo", in *Compêndio de Direito Tributário*, Vol. 2, p. 485), não o sendo, tributo não é. Diz ele: "Surge, então, a controvertida figura do *tributo indevido*, que muitos entendem não ser verdadeiramente tributo, correspondendo antes a mera prestação de fato. Não pensamos assim. As quantias exigidas pelo Estado, no exercício de sua função impositiva, ou espontaneamente pagas pelo administrado, na convicção de solver um débito fiscal, têm a fisionomia própria das entidades tributárias, encaixando-se bem na definição do art. 3º do Código Tributário Nacional. A contigência de virem a ser devolvidas pelo Poder Público não as descaracteriza como tributo e para isso é que existem os sucessivos controles de legalidade que a Administração exerce e dos quais também participa o sujeito passivo, tomando a iniciativa ao supor descabido o que lhe foi cobrado, ou postulando a devolução daquilo que pagara indebitamente". *Op. cit.*, pp. 303-304. Fábio Fanucchi, diz: "Ora, a restituição, no caso, não pode ser de 'tributo' mas, isto sim, de importância de pagamento indevido a título de tributo. Se tributo for o que foi pago, por si só é devido. A questão é que, no pagamento indevido, inexiste 'tributo',..." *in Curso de Direito Tributário Brasileiro*, Vol. I, p. 391. Porém, parece-nos que Pontes de Miranda demonstra com maior precisão a desvinculação do que foi pago com aquilo que se cria ter pago: "A expressão 'pagamento indevido' tem o inconveniente de aludir a 'pagamento', que é a prestação feita pelo devedor, e logo a não haver devedor ('indevido')," *in Tratado de Direito Privado*, Tomo XXVI, p. 129.

seus parágrafos da Constituição Federal. A título ilustrativo, cabe salientar que, na Itália, a condenação do Fisco pela "Comissão Tributária" ocasiona, ato contínuo, a necessidade de expedição de cópia da sentença passada em julgado. O "Decreto Legislativo 31 dicembre 1992, n. 546",[275] em seu art. 69, diz: "1. *Se la Commisione condana l'ufficio del Ministerio delle finanze o l'ente locale al pagamento di somme dovute e la relativa sentenza è passata in giudicato, la segretaria ne rilascia copia spedita in forma esecutiva a norma dell'art. 475 del codice di procedura civile, applicando per le spese l'art. 25, comma 2"* (comando já presente no art. 38 do D.P.R. 636/72). Ao que parece, o pagamento se dá diretamente do comando legal acima, pela simples comunicação da "Comissione", da condenação havida. Gilardi aduz que *"il rimborso dell'indebito discende automatico in via amministrativa alla presenza del 'decisum' della Commissione tributaria che non implica perciò alcuna sua 'esecutorietà'"*. Para a formação de título executivo *"solo la formazione del 'giudicato' ad esaurimento dei mezzi di impugnazione c.d. 'ordinari' (ricorso in Commissione Regionale e ricorso per Cassazione) consente la costituzione del 'titolo esecutivo' ed apre così la contemporanea via all'esecuzione forzata secondo le regole del codice di procedura civile ovvero al giudizio di ottemperanza disciplinato dal successivo art. 70"*.

Porém, suponhamos que a sentença tenha sido desfavorável e, tendo o autor apelado, foi negado provimento ao recurso. Estamos diante dos casos apontados linhas atrás. Lembremos a hipótese em que não houve o recurso extremo. E tal pode ter ocorrido por aquelas razões (parcelamento com redução de multa condicionada à desistência da ação, transação nos termos do artigo

---

[275] "Disponizi sul processo tributario in attuazione della delega al governo contenuta nell'art. 30 della legge 30 dicembre 1991, n. 413", transcrito do Il nuovo processo tributario, sob a coordenação de Gianfranco Gilardi *et alii*, pp. 312-314.

156, inciso III c/c artigo 171, ambos do CTN), ou por qualquer outro motivo. Enfim, estamos diante de uma decisão que transitou em julgado. Mais: transitou em julgado contra o interesse do sujeito passivo tributário em ver restituídos os valores pagos (que no seu entender eram indevidos). A decisão do Tribunal Regional Federal, cuja Região é aquela à qual está vinculada a demanda, foi desfavorável ao contribuinte. Isto é, o entendimento foi pela constitucionalidade da exação. Qual o procedimento a ser adotado pela parte perdedora? Poderá a mesma ajuizar demanda buscando compensar os valores pagos (*a priori* indevidos) com créditos tributários de mesma natureza?[276] Naturalmente não é possível decisão judicial autorizar a compensação de tais valores. O "bem da vida" chiovendiano é o mesmo, ainda que o objeto imediato do pedido não trate de devolução, mas de compensação.

No mesmo sentido, se ao invés da improcedência ter ocorrido em uma repetitória, tivesse sido em uma Ação Anulatória do Ato Declarativo da Dívida, ou seja, de uma Ação Anulatória de Lançamento Tributário (constitutiva negativa).

O "bem da vida" perseguido é o mesmo; o objeto imediato pedido é a anulação de um ato administrativo de natureza tributária.

O pedido é para que seja anulado o lançamento tributário. A decisão ou será de procedência, ou de improcedência. Se de procedência, estará anulado o ato administrativo. Se improcedente, mantém-se o ato prati-

---

[276] Em que pese não ser objeto do presente trabalho, o problema relativo à compensação de tributos pagos indevidamente no Direito Tributário está ligado amiúde à natureza jurídica dos valores envolvidos. Neste caso, é evidente que, se determinada incidência foi declarada inconstitucional, é logicamente impossível falar-se em compensação daquilo que não será pago amanhã. Um *non-sense*. Salvo abrir-se a possibilidade de compensação com outra exação cujo *nomen iuris*, ainda que diverso, guarde simetria com a exigência positivada.

cado. A questão prejudicial é a mesma (inconstitucionalidade da cobrança), que, todavia, não foi admitida pelo magistrado. Ainda que sobre a referida questão prejudicial não recaísse a *auctoritas rei iudicate*, o contribuinte ficará impedido, em face da eficácia preclusiva da coisa julgada material, de propor esta ou aquela ação, baseado agora em outro fundamento não invocado na demanda anterior. Tampouco, poderia pretender ser exitoso, pedindo posteriormente a compensação, porquanto perdedor na repetição de indébito. O bem da vida pretendido não lhe pertence. Sobre essa decisão, existe a *auctoritas rei iudicatae*. Igualmente, pela eficácia preclusiva estará impedido de demandar novamente, se porventura achou os documentos que julgara perdidos, ou, ainda, se agora pedir perícia, o que não lhe ocorrera na ação anterior.

Desnecessário dizer que tudo deve ser exposto na inicial, por forçosa aplicação do princípio da economia processual, como lembra Schwab. Se porventura a sentença não contemplou algum aspecto, o intrumento de adequada correção será através dos embargos de declaração, pois a parte não o fazendo, haverá uma decisão com força de coisa julgada, inclusive relativo à questão sobre a qual o magistrado não se manifestou. É exatamente esse o pensamento de Schwab, *"si el actor deja pasar en autoridad de cosa juzgada una sentencia en la que no se ha tenido en cuenta un estado de cosas expuesto, pierde la posibilidad de apoyar en éste una acción nueva, que tropezaría con la excepción de cosa juzgada"*.[277]

É ainda Schwab quem faz distinção entre "efeito de exclusão" e "preceitos de preclusão". Para o referido autor, *"si se exponen hechos ya alegados en el primer proceso, o si los nuevos hechos expuestos tienen por objeto una declaración discrepante del material procesal del primer procedimiento"*, haverá "efeito excludente" (efeito de exclu-

[277] Karl Heinz Schwab, in *El Objeto Litigioso en el Proceso Civil*, pp. 185, 205, 238.

são) como um efeito da coisa julgada. Agora, se "*la nueva alegación no guarda relación con el viejo material procesal, si no tiene por objeto una declaración discrepante del estado de cosas declarado con fuerza vinculante por la primera resolución*", teremos então "*preceptos de preclusión*", alheios à coisa julgada.[278]

3.2.3.4. Da eficácia preclusiva

Acerca da eficácia preclusiva da coisa julgada material, lembramos que a mesma está prevista no artigo 474 do CPC, que diz: "Passada em julgado a sentença de mérito, reputar-se-ão deduzidas e repelidas todas as alegações e defesas, que a parte poderia opor assim ao acolhimento como à rejeição do pedido".

Esse dispositivo veda, por exemplo, que a parte perdedora, inconformada, retorne a juízo trazendo fundamento diverso daquele mencionado na demanda anterior. O art. 474 do CPC, além de conter a eficácia preclusiva, lança mão de forma desnecessária da "ficção do julgamento implícito", como lembra Barbosa Moreira.[279] Desnecessária, porque ao se tratar de "julgamento implícito" às questões não-examinadas (apresentadas - deduzidas - apreciadas ou não; ou mais especificamente, não ventiladas pela parte - deduzíveis), "corre-se o risco de dar a entender que a solução de tais questões ficaria sujeita, em si mesma, à autoridade da coisa julgada, e portanto imune a nova discussão ainda em processo distinto, no qual, embora entre as mesmas partes, se tenha de compor *outra lide*" (Os grifos estão no original).[280] Todavia, tal ilação não é de todo procedente, a

---

[278] Karl Heinz Schwab, idem, pp. 226-227. O entendimento do autor baseia-se na análise dos §§ 616 e 767, III, da ZPO, e § 17 da Lei de Locações.

[279] Barbosa Moreira, in *Os Limites Objetivos da Coisa Julgada no Sistema do Novo Código de Processo Civil*, p. 30.

[280] Barbosa Moreira, in *A Eficácia Preclusiva da Coisa Julgada Material no Sistema do Processo Civil Brasileiro*, p. 99.

coisa julgada não alcança *per se* as questões deduzidas ou deduzíveis, mas sim a "eficácia preclusiva da coisa julgada material". Como diz Luiz Machado Guimarães, "todas as questões (as deduzidas e as deduzíveis) que constituam premissas necessárias da conclusão, *considerar-se-ão decididas*, não no sentido de revestidas da autoridade de coisa julgada, mas no sentido de se tornarem irrelevantes, se vierem a ser ressuscitadas com a *finalidade de elidir* a *res iudicata*" (Os grifos estão no original).[281]

Machado Guimarães, citando Enrico Redenti, aponta que, se porventura a "eficácia preclusiva" refere-se à "coisa julgada formal", diz-se, também ter ocorrido "efeito preclusivo endoprocessual"; ao contrário, *i.e.*, em se tratando de "eficácia preclusiva" atinente à "coisa julgada material", terá ocorrido "efeito preclusivo panprocessual". Nesta, o efeito tem maior alcance do que naquela.[282]

A eficácia preclusiva veda a rediscussão das "questões" em comento, somente quando a "lide seja a mesma já decidida", ou haja "solução dependente da que se deu à lide já decidida". Esta "função instrumental" da eficácia preclusiva da coisa julgada material, não opera, *contrario sensu*, se outra for a lide, ainda que as "questões

---

[281] Neste sentido, Barbosa Moreira, idem, ibidem; e Luiz Machado Guimarães, *in Preclusão, Coisa Julgada, Efeito Preclusivo*, p. 22, "Não é, portanto, a *coisa julgada*, por si mesma, que cobre o 'deduzível'; é o *efeito preclusivo da coisa julgada* que o atinge, resguardando a imutabilidade do julgado" (Os grifos estão no original).

[282] Luiz Machado Guimarães, idem, pp. 15-16, "A eficácia preclusiva é pertinente à coisa julgada e também a outras situações processuais; não é, pois, uma eficácia específica ou característica da coisa julgada. É assim que, se uma questão não foi suscitada na etapa procedimental adequada, desta omissão resulta uma *situação processual* dotada de efeito preclusivo". Concernentes as "questões de fato", pois as "questões de direito" poderão ser "suscitadas em qualquer fase do processo". Por sua vez, "eficácia preclusiva mais extensa do que a da preclusão é a da *coisa julgada formal*, porque abrange não só as questões de fato como também as de direito, que, estas e aquelas, não mais poderão ser objeto de reexame *no mesmo processo*". E, como foi dito no corpo do texto, dentre todas, maior extensão é a eficácia preclusiva da coisa julgada material (Os grifos estão no original).

discutidas e apreciadas" sejam as mesmas.[283] Na mesma lide, torna-se inviável a resolução de questão apresentada após a decisão, pois, como afirma Betti, *"fra le questioni proponibili corre un nesso logico di pregiudizialità e subordinazione, per cui (...) la trattazione e risoluzione della questione subordinata importa preclusione della questione (sia processuale, sia anche di merito) che le era logicamente pregiudiziale"*.[284]

O mesmo raciocínio é válido para uma Ação Declaratória pura, na qual se busca somente uma declaração, ocorrendo aqui o julgamento do cerne da lide. Aquilo que seria *questão prejudicial* alhures, aqui é a prejudicada. A relação entre questão subordinante e subordinada, existente em uma demanda que busque uma restituição ou compensação, não é transportada para a declaratória, pois nessa o que é subordinante às outras, aqui é subordinada, será apreciada *principaliter*, e não *incidenter tantum*.

Pede-se a declaração de inexistência de relação jurídico-tributária, que obrigue ou submeta o sujeito passivo a tal ou qual imposição. Em um primeiro momento não lhe interessa a devolução ou compensação dos valores pagos indevidamente.

Ovídio A. Baptista da Silva lembra que "apenas o *decisum* adquire a condição de coisa julgada, nunca os motivos e os fundamentos da sentença que, como *elementos lógicos* necessários ao julgador, para que ele alcance o *decisum*, devem desaparecer, ou tornar-se indiferentes ao alcance da coisa julgada, não obstante continuem a ter utilidade como elementos capazes de esclare-

---

[283] Barbosa Moreira, in *A Eficácia Preclusiva da Coisa Julgada Material no Sistema do Processo Civil Brasileiro*, p. 102. Vale lembrar, conforme o artigo 301, § 2º do CPC, que "uma *ação é idêntica à outra* quando tem as *mesmas partes*, a *mesma causa de pedir* e o *mesmo pedido*" (Os grifos não estão no original).

[284] Emilio Betti, *op. cit.*, p. 260.

cerem o sentido do julgado" (Os grifos estão no original).[285]

3.2.4. Sentença penal *versus* sentença cível

De outra parte, tema de igual relevância diz respeito aos crimes contra a ordem tributária, que, apesar de não serem propriamente objeto do presente trabalho, guardam estreita relação, sendo útil lembrar alguns elementos.

Suponhamos que determinado contribuinte pretende um planejamento tributário, na sua percepção, perfeitamente legal, mas, no entendimento do Fisco, foi praticado algum ato tipificado na Lei nº 8.137, de 27.12.1990.

Posteriormente ao procedimento administativo e, após ter sido prolatada sentença nessa ação penal, com o correspondente trânsito em julgado, qual o alcance da mesma? Ou melhor, qual a eficácia na esfera tributária material da sentença penal?

Conforme visto linhas acima, a eficácia negativa da coisa julgada operava relativamente à mesma esfera jurisdicional. Neste momento, a questão envolve a interdisciplinariedade jurídica. Da mesma forma que no Direito Tributário material, à luz do Direito Processual civil, no Direito Penal Tributário, relativamente aos crimes contra a ordem tributária, "*alla funzione negativa del giudicato penale, consistente nell'impedire um nuovo giudizio su un medesimo fatto*", também há a preocupação de evitar a perpetuação da demanda, pela renovação perene, de questões já resolvidas.[286] Na ação penal, a sentença será de procedência ou improcedência. A sen-

---
[285] Ovídio A. Baptista da Silva, *in Curso de Processo Civil*, Vol. I, p. 439.

[286] Angelo Tanzi, *in Note in tema di rapporti tra processo penale e processo tributario*, p. 33.

tença penal condenatória tem eficácia anexa, conforme estatui o Código Penal, *verbis*:

"Art. 91. São efeitos da condenação:
I - tornar certa a obrigação de indenizar o dano causado pelo crime;"

Neste caso, o resultado de todo o processo de cognição fica demonstrado na peça decisória na qual encontraremos, dentre outras coisas, o êxito na comprovação da ocorrência do fato e de sua autoria. Assim, na lógica das coisas, despicienda uma nova cognição e instrução probatória para se chegar à mesma conclusão do processo penal.

O ofendido, na ação de reparação, parte de pontos sobre os quais não haverá controvérsias, haja vista o trânsito em julgado da sentença penal condenatória, a partir da qual poderá ser promovida a execução no juízo cível, nos exatos termos do art. 63 do CPP c/c art. 584, inc. II do CPC.[287]

No Direito Tributário, o que temos é o imediato lançamento do tributo, máxime pelos prazos de decadência quanto ao procedimento administrativo e de prescrição no que toca ao crédito tributário (em cinco anos para as duas situações, arts. 173 e 174, ambos do CTN, aquele com a peculiaridade de seu inciso I, em que o prazo mencionado poderá sofrer uma elasticidade fático-jurídica). Outrossim, o caráter público e indisponível do crédito tributário e da atividade vinculada do lançamento torna-se um imperativo.[288]

---

[287] Sob este aspecto, o Tribunal de Justiça do Ceará assim manifestou-se: "Condenação criminal feita valer no cível - A condenação criminal faz coisa julgada no cível, relativamente a existência do fato e a sua autoria, valendo a sentença como título executório, para efeito de reparação de dano" (RP - 14-15/393).

[288] Hugo de Brito Machado, diz: "Inexiste distinção essencial entre o ilícito civil, ou administrativo, e o ilícito penal. Em conseqüência, não há também distinção essencial entre a sanção civil, ou administrativa, e a sanção penal. A distinção seria apenas valorativa. A sanção penal seria reservada aos que praticam ilícitos mais graves, que mais seriamente ofendem os interesses

Acontece que, não necessariamente, pode ter ocorrido ato ilícito. E, neste caso, o desgaste de uma ação penal teria sido desnecessário. Mas, lembrando a natureza pública dos interesses envolvidos (eventuais incidências de normas tributárias e penais sobre o suporte fáctico) até bem pouco tempo isso implicava delicadas discussões.

Deitando uma pá de cal sobre a celeuma, foi editada a Lei nº 9.430/96. Em caso de suspeita de ilícito penal tributário, a representação fiscal somente poderá ocorrer após o encerramento do procedimento administrativo tendente a verificar a exigência da exação. Diferentemente do que vinha entendendo a jurisprudência, conforme informa Hugo de Brito Machado, *verbis*: "Entendeu a jurisprudência que a propositura da ação penal independe da conclusão do processo administrativo (...) sustentam as autoridades do governo, inclusive o Presidente da República, que a ação penal deve ser proposta concomitantemente com a ação fiscal, isto é, com base apenas no auto de infração. Em face disso, é possível que em certos casos alguém seja condenado pelo cometimento do crime de sonegação fiscal, embora a própria administração chegue depois à conclusão de que não há tributo devido. Isto chega a ser ridículo".[289]

Entretanto, passa e existir para o réu um problema de ordem prática, e não processual. Se o réu foi condenado na esfera penal por sonegação fiscal, ainda que na esfera administrativa reconheça o Fisco a inexistência de débito, tal entendimento não terá o condão, *per se*, de remover a *auctoritas rei iudicate* que se formou sobre a decisão judicial penal. Salvo engano, poderíamos apontar a revisão do processo, com base no art. 621, inciso III, do CPP, pleiteando a obtenção da absolvição do réu, nos

---

sociais. A distinção residiria na gravidade da violação da ordem jurídica". Dejalma Campos (org.), in *Direito Penal Tributário Contemporâneo*, p. 52.

[289] Dejalma Campos, in *Direito Penal Tributário Contemporâneo*, p. 58.

termos do art. 626 do CPP. Evidentemente, deverão ser observados os pressupostos da revisão criminal, dentre os quais, o trânsito em julgado da decisão revidenda.

Todavia, já mencionamos a salutar modificação introduzida em nosso ordenamento jurídico, através da Lei nº 9.430, de 27.12.1996 (DOU 30.12.1996), *verbis*: "Crime contra a Ordem Tributária. Art. 83. A *representação fiscal* para fins penais relativa aos *crimes contra a ordem tributária* definidos nos arts. 1º e 2º da Lei nº 8.137, de 27 de dezembro de 1990, *será encaminhada ao Ministério Público após proferida a decisão final, na esfera administrativa*, sobre a exigência fiscal do crédito tributário correspondente."

O dispositivo susomencionado conta com nossa simpatia, pelo fato de possibilitar aos contribuintes uma realização de justiça mais agudamente profilática. Em contrapartida, entendemos aqueles que não vêem com bons olhos tal comando que, por certo ângulo, estimularia a prática delituosa. Com todo o respeito ao entendimento contrário, julgamos que se ocorrer, tal hipótese será em número consideravelmente menor do que a injustiça que seria efetivada para muitos, caso a norma não existisse.

Ainda que passível de equívoco, o procedimento administrativo oportunizará a defesa do contribuinte e uma relativa produção de provas, quando ambas, então, serão de maior utilidade ao magistrado na ação penal, caso não exista a norma.

Retomando as possibilidades de resultado em sentença penal e, *en passant*, apontada a condenatória, poderemos encontrar, igualmente, a absolutória.

Nos casos em andamento, parece prudente a suspensão do processo (art. 93, §§ 1º, 2º e 3º do CPP) para oportunizar a ampla defesa em procedimento tributário material. Não restando comprovada a sustentação do contribuinte, dá-se seguimento à ação penal. Diz Albert Hensel, "*la sospensiòne non equivale ad assoluzione*".[290] A suspensão do processo penal não tem por finalidade beneficiar aquele que praticou o pretenso ato delituoso, mas alcançar a realização da justiça. O princípio aí existente está acima de juízos *a priori*. Não é por acaso que essa medida já estava contemplada no Código Tributário Alemão de 1977 (AO - 1977), *verbis*:

"§ 396.
Suspensão do Processo
1) Se o julgamento do ato como sonegação de imposto depender da verificação sobre se há uma pretensão tributária, ou se foram sonegados impostos ou se foram obtidas vantagens fiscais ilegítimas, o processo penal poderá ficar suspenso, até que o processo de tributação tenha sido definitivamente concluído.
2) Decide sobre a suspensão, no processo de apuração, o Ministério Público, no processo, após a propositura da ação pública, o tribunal que se ocupa do caso.
3) Durante a suspensão do processo não corre a prescrição."

Em linhas gerais, a sentença penal absolutória apresentar-se-á de maneira seisdobra; entretanto, tem-se de atentar para os comandos dos arts. 65 e 66, ambos do CPP e art. 1.525 do CC, *verbis*:

"CPP.
Art. 65. Faz coisa julgada no cível a sentença penal que reconhecer ter sido o ato praticado em estado de necessidade, em legítima defesa, em estrito cumprimento de dever legal ou no exercício regular de direito.[291]

---

[290] Albert Hensel, in *Diritto Tributario*, p. 335.

[291] Araken de Assis, in *Eficácia Civil da Sentença Penal*, p. 109, aponta doutrina que observou "com grande simplicidade, que o art. 65 é *plus* em

Art. 66. Não obstante a sentença absolutória no juízo criminal, a ação civil poderá ser proposta quando não tiver sido, categoricamente, reconhecida a inexistência material do fato".[292]

"CC.
Art. 1.525. A responsabilidade civil é independente da criminal; não se poderá, porém, questionar mais sobre a existência do fato, ou quem seja o seu autor, quando estas questões se acharem decididas no crime."

Mutatis mutandis, e não olvidando a novel Lei nº 9.430/96, a sentença penal poderá ser absolutória (art. 386 do CPP) se: (a) "estar provada a inexistência do fato" (inciso I); (b) "não haver prova da existência do fato" (inciso II); (c) "não constituir o fato infração penal" (inciso III); (d) "não existir prova de ter o réu concorrido para a infração penal" (inciso IV); (e) "existir circunstância que exclua o crime ou isente o réu de pena" (inciso V); (f) "não existir prova suficiente para a condenação" (inciso VI).

O item (a) não é nocente à esfera civil, "não repercute nocivamente". Em (b) não há prova do suporte fáctico da norma penal, entretanto, nada impede na esfera civil, provar-se a ocorrência do suporte fáctico de norma civil. Quanto à autoria, a sentença penal, disso parece não ter dúvidas, pois, do contrário, seria aplicável o inciso IV do art. 386 do CPP. No que tange (c) à prova carreada aos

relação ao art. 1.525, 2ª parte, do Cód. Civil". De outra parte, na página anterior (p. 108), entende que, "é possível reputar derrogada, parcialmente, a 2ª parte do art. 1.525 do Cód. Civil pela lei nova (arts. 386 e 66 do Cód. de Proc. Penal)".

[292] A 2ª Câmara Cível do Tribunal de Justiça do Estado do Mato Grosso, decidiu: "Decisão proferida em processo criminal - A responsabilidade civil independe da criminal e a sentença proferida no juízo criminal, mesmo transitada em julgado, não impede o reexame das condições do evento e o ensejo da convicção contrária por parte do juízo civil a fim de serem apreciadas as responsabilidades para ressarcimento do dano" (RP - 14-15/393).

autos não preencheu todos os pressupostos do suporte fáctico de norma penal, porém a recíproca não necessariamente será verdadeira com eventual norma jurídica de natureza diversa, *e.g.* Direito Civil, emitiu-se juízo sobre a existência de fato e autoria. Lembre-se a 2ª parte do art. 1.525 do CC. Relativamente a (d), Araken de Assis, invocando Frederico Marques, relaciona três hipóteses, "o acusado logra provar a alegação de negativa de autoria (...) a acusação deixa de reunir prova suficiente da autoria, e, por fim, a imputação de co-autoria, irrogada ao réu, não se respalda na prova". A primeira hipótese obstaculiza a ação civil, por força do art. 1.525, 2ª parte do CC, enquanto as duas últimas, "tornam irrelevante o pronunciamento penal no julgamento da demanda reparatória". Agora, em (e) o processualista citado indica, de maneira didática, as hipóteses de existência de circunstância que excluem o crime ou isentam o réu de pena, que são: e') *exclusão da ilicitude* (art. 23 CP: estado de necessidade; legítima defesa; estrito cumprimento do dever legal ou exercício regular de direito); e'') *exclusão do dolo* (erro sobre elemento constitutivo do tipo ou discriminantes putativas, ambos nos termos do art. 20 do CP, aquele previsto no *caput*, 1ª parte, este no § 1º, 1ª parte); e''') *exclusão de culpabilidade* (coação irresistível ou estrita obediência à ordem de superior hierárquico, ambas do art. 22 do CP; inimputabilidade penal em virtude de doença mental ou desenvolvimento mental incompleto ou retardado, art. 26, *caput* do CP; embriaguez completa, advinda de caso fortuito ou força maior, § 1º do art. 28 do CP).[293]

Das categorias anteriormente elencadas, podemos, para não fugir à natureza do presente trabalho, apenas apontar algumas hipóteses passíveis de constatação no

---

[293] Araken de Assis, in *Eficácia Civil da Sentença Penal*, pp. 106-109. Quanto à hipótese (d) o autor, na página 108, acredita na hipótese de derrogação parcial da 2ª parte do art. 1.525 do CC "pela lei nova (arts. 386 e 66 do Cód. de Proc. Penal".

Direito Tributário. Por outro lado, não é demais recordarmos que na ação penal figurará como réu o responsável pela pessoa jurídica, se for o caso, ou física, se o próprio contribuinte. Ou seja, nos casos das pessoas jurídicas, em particular, ainda que ocorra vínculo entre as esferas penal e tributária, o responsável pela mesma é acionado naquela esfera, e a pessoa jurídica, nesta. Todavia, se a pessoa jurídica não possuir bens, ou os tiver insuficientes, possível é alcançar-se o patrimônio dos responsáveis. Nestes termos, esclarecem os arts. 128 e seguintes do CTN. Com relação ao art. 136 do CTN, encontramos a responsabilidade objetiva com severas conseqüências para o contribuinte, haja vista a irrelevância de sua intenção. Mas, é o art. 137 do CTN que traz maior amplitude quanto à responsabilidade por infrações, *verbis*:

"Art. 137. A responsabilidade é pessoal ao agente:
I - quanto às infrações conceituadas por lei como crimes ou contravenções, salvo quando praticadas no exercício regular de administração, mandato, função, cargo ou emprego, ou no cumprimento de ordem expressa emitida por quem de direito;
II - quanto às infrações em cuja definição o dolo específico do agente seja elementar;
III - quanto às infrações que decorram direta e exclusivamente de dolo específico:
a) das pessoas referidas no art. 134, contra aquelas por quem respondem;
b) dos mandatários, prepostos ou empregados, contra seus mandantes, preponentes ou empregadores;
c) dos diretores, gerentes ou representantes de pessoas jurídicas de direito privado, contra estas."

É bem verdade que o Código Tributário Nacional (*status* de lei complementar) combinado com os Códigos Penal, Processo Penal e Civil, bem como a legislação esparsa atinente aos crimes contra a ordem tributária, dão uma efetivação no combate aos referidos delitos.

Entretanto, maior alcance poderá ser dado, no momento em que a preocupação estiver mais voltada para a tributação da exteriorização de riqueza daqueles que praticam atos ilícitos. Aí, através do princípio do *non olet*, estará sendo efetuada a distribuição eqüânime das despesas necessárias à manutenção e ao desenvolvimento do Estado.[294]

Neste momento, constata-se a influência da sentença penal condenatória na esfera tributária, por força do efeito anexo, oriundo do art. 91, inciso I do CP, daquela decisão nesta área do Direito.

Agora, relativamente à sentença penal absolutória, mais de um resultado é admissível. Supomos que na ação penal não restou comprovada a materialidade do fato (art. 386, inciso II, do CPP), porquanto a perícia realizada já na esfera administrativa, no entendimento do magistrado, não logrou êxito (já mencionamos que a partir da vigência da Lei nº 9.430/96, deverá, primeiramente, ser concluído o procedimento administrativo tributário para, então, haver a representação ao Ministério Público). Essa regra jurídica não impede, porém, a realização de perícia em qualquer esfera.

Contrario sensu, se o contribuinte for exitoso na comprovação da inexistência de fato típico, o fundamento da sentença absolutória naturalmente será outro (art. 386, inc. I, do CPP), e irrelevante na esfera do Direito Tributário material. Assim, no caso de o contribuinte denunciado por sonegação fiscal comprovar a inexistência do referido delito, não há o que cobrá-lo, porquanto, diz Hugo de Brito Machado, "ser devido o tributo" é elemento do tipo.[295]

---

[294] Importante ressaltar que não estamos sustentando ser o ato ilícito elemento do suporte fáctico da norma de tributação. Mas sim a tributação da riqueza inserida no patrimônio da pessoa do agente. Do contrário, estaria sendo ferido o art. 3º do CTN, em que a natureza do tributo não advém dos atos ilícitos. Assim, maior pressão será exercida sobre os traficantes, "bicheiros", etc.

[295] Dejalma Campos (org.), *op. cit.*, p. 57.

De outro lado, poderá haver hipótese de sentença absolutória fundada em não ser o fato infração penal (art. 386, inciso III, do CPP). Aí, uma de duas: ou o fato igualmente não preencheu suporte fáctico de Direito Tributário material, e, então, não caberia cobrança de tributo, eis que o mesmo não existe; ou o preencheu e, *ipso facto* será devida a quantia determinada.[296] No direito comparado, encontramos algumas variantes do problema ora discutido. O Direito Tributário italiano (que muito tem contribuído para nossos estudos) no exemplo a seguir, não admite o efeito vinculante do juízo penal relativamente ao juízo civil, *verbis*:

"*Reati tributari - Amnistia - Proscioglimento - Amministrazione finanziaria - Parte civile - Diritto a ricorrere - Sussistenza - Interesse ad impugnare - Mancanza - Inammissibilità dell'impugnazione - Art. 12 legge n. 516/1982 - Giudicato penale - Non vincolante nel processo tributario.*

---

[296] Para ilustrar nosso estudo, de uma maneira geral, transcreve-se decisão judicial em que, não obstante a absolvição, ensejou-se ato administrativo de influência fora do âmbito penal, *verbis*: "Ementa. Previdenciário. Cancelamento de Benefício por meio de Ato Administrativo. Fraude na Concessão. Inexistência de Tempo de Serviço Suficiente. Reconhecimento da Materialidade do Delito na Lide Penal. I - O *ato administrativo* que *cancelou o benefício previdenciário* do apelado, *em razão da apuração de fraude* na sua concessão - *anotação falsa* na carteira de trabalho e previdência social - CTPS, *é de ser tido por correto*. II - Conquanto na *ação penal* instaurada para comprovação do fato típico imputado ao beneficiário, este tenha sido *absolvido da prática da conduta* a si incriminada a materialidade em si resultou inequivocamente reconhecida. III - Incabível, destarte, o restabelecimento da aposentadoria por tempo de serviço pleiteado nesta demanda. IV - Apelação provida" (TRF da 3ª Região, 1ª Turma, Relator Juiz Federal Theotonio Costa, acórdão unânime, Instituto Nacional do Seguro Social - INSS *versus* Lázaro Joaquim Caetano Neto, Apelação Cível nº 91.03.42530-4/SP, DJ 18.03.1997, Seção 2, pp. 15372-15373)(Os grifos não estão no original). Nesse exemplo, a sentença absolutória na ação penal não exerceu, *per se*, efeitos na esfera não-penal, do ponto de vista do alcance da *res iudicata*, mas sim na medida em que a materialidade em si restou incontroversa. É certo dizer da incidência da norma não-penal sobre o fato; quanto à esfera penal o beneficiário restou absolvido. Pode-se entender, *v.g.*, que o mesmo não tenha sido o autor da fraude, mas certo é de ela existir. Da comprovação de sua existência, percebe-se a infalibilidade da incidência da regra, agora aplicada pela Autarquia "tida por correta" pelo Poder Judiciário.

Lo Stato-persona che si costituisca parte civile contro gli imputati di reati tributari mira legittimamente al risarcimento non solo del danno che gli è derivato dalla lesione della trasparenza fiscale, ma anche al danno più corposo derivatogli dalla conseguente evasione del tributo. Il Ministero delle finanze, pur essendo legittimato ad impugnare la sentenza di proscioglimento nei confronti dell'imputato emessa in seguito a declaratoria di estinzione del reato tributario per amnistia, non ha interesse processuale ad impugnare giacchè, non avendo quella sentenza efficacia vincolante sul giudizio tributario, lo stesso Ministero conserva il potere di azionare la sua pretesa tributaria davanti alle competenti commissioni. L'art. 12 della legge n. 516/1982, nella parte in cui prevede l'autorità del giudicato penale sul giudizio tributario, deve ritenersi implicitamente abrogato dall'art. 654 c.p.p. 1988, con l'effetto di sopprimere qualsiasi effeto vincolante del giudizio penale sul giudizio tributario." (Cassazione, sez. III penale, 8 giugno 1994 - 20 ottobre 1994, n. 10792; Pres. Tridico, Est. Onorato, in Rivista de Diritto Tributario n. 1/96, parte seconda, p. 3)

Ora, do anteriormente exposto, se inexiste vínculo entre os juízos penal e tributário, haja vista a sentença não produzir esse efeito, a extinção do crime fiscal, notadamente pela anistia, não será fonte de preocupação para o Fisco, ao menos quanto à receita pública.

No Brasil, a ilação que podemos fazer é que, havendo anistia somente quanto ao crime (art. 187 da Lei nº 7.210, de 11.07.1984, LEP) resta intocável o crédito tributário com os respectivos acréscimos legais, sendo irrelevante ter a mesma alcançado ação penal em andamento, ou decisão condenatória trânsita em julgado. E entendemos que, tendo sido atingida sentença penal já recoberta pela *auctoritas rei iudicate*, o efeito anexo já terá sido produzido, titulando o Fisco a buscar seu crédito. Ocorre que o contrário nos parece de igual resultado, sobretudo pela desvinculação da anistia penal quanto ao crédito tributário.

Por outro lado, não se devem descartar as hipóteses de remissão ou anistia quanto aos valores pertencentes ao Fisco (aquele conforme art. 156, inciso IV, este nos termos do art. 175, inciso II, ambos do CTN).

Outro aspecto que pode ser explorado da decisão alienígena refere que a ação penal foi proposta por *"frode fiscale"* e *"false comunicazioni in bilancio"*, basicamente por ter havido *"distrutto sia le scritture contabili che i libri sociali originali (...) esponendo fraudolentemente fatti non rispondenti al vero sulle condizioni economiche delle società"*.

Mais precisamente, sabemos serem os balanços, notas e documentos fiscais fornecidos à fiscalização, elementos de auxílio no controle do crédito tributário. Se o contribuinte alterar os dados constantes nos documentos ou alterá-los antes do lançamento (em especial as obrigações acessórias, art. 113, § 2º, do CTN) certamente induzirá em erro a fiscalização, e a apuração do *quantum debeatur*, e dependendo da fraude, impedirá a apuração do *an debeatur*.

Neste diapasão, numa ótica voltada à proteção dos interesses do Fisco (*rectius*: da coletividade), num exercício de hermenêutica, poderia extrair-se a conclusão de ser devido ao Ente público tributante, não só o que se deixou de pagar como o dano causado pela *"frode fiscale"* e *"false comunicazioni in bilancio"*. Ao menos é a conclusão que se depreende da decisão italiana, quando afirma, *"il danno risarcibile o danno civile, infantti, comprende tutte le conseguenze economiche (o morali) direttamente derivate dal reato; ma non coincide necessariamente col c.d. danno criminale, constituito dalla lesione del bene tutelato dalla norma penale"*. Busca-se, em verdade, *"trasparenza fiscale"* e evitar *"evasione del tributo"*.

Tal interesse é titulado pelo Ente público tributante, obrigando-o a perseguir sua pretensão tanto na esfera penal (punitiva) como na civil. Na decisão de alhures, encontraremos que, *"secondo il sistema processuale, sussiste l'interesse della parte civile ad impugnare le sentenze penali di assoluzione o di proscioglimento in tutti i casi in cui la sentenza penale irrevocabile ha autorità di cosa giudicata anche nel giudizio civile o amministrativo relativo alla sua pretesa risarcitoria: appunto perché anche la pretesa risarcitoria sarebbe pregiudicata dalla decisione penale, deve riconoscersi alla parte civile un concreto interesse a rimuovere la decisione penale e il suo effetto preclusivo. Inversamente, nessum interesse processuale avrebbe la parte civile ad impugnare la decisione penale quando questa manca di efficacia preclusiva e quindi lascia libera la stessa parte civile di perseguire la sua pretesa risarcitoria nelle sedi proprie".*[297] Quando da *"frode fiscale"* haverá ressarcimento ao Fisco pelo *"danno civile"* que não se confunde com o *"danno criminale"*. Depreende-se o caráter pedagógico na obrigatoriedade de ressarcimento, pois inibe a repetição da conduta indesejada.

Podemos considerar tal hipótese representada em nosso sistema pelas multas cujos percentuais são estratosféricos, de caráter visivelmente punitivo, didaticamente inibidoras e reparadoras do dano causado ao erário (ainda que as exceções estejam aí para confirmar a regra representada pelos majoritários bons contribuintes).

O argumento de a multa ocupar esse espaço, por não se enquadrar no conceito legal de tributo, em que o art. 3º do CTN afasta a sanção de atos ilícitos, descreve-a como reparadora do dano causado aos cofres públicos. Segundo Carlos A. Mérsan, as multas, de uma maneira geral têm natureza disciplinadora e indenizatória.[298] No

---

[297] *Rivista de Diritto Tributario*, n. 4/96, p. 408, Cassazione, sez. III pen., 8 giugno 1994, n. 10792.

[298] Carlos A. Mérsan, *in Direito Tributário*, p. 97. Mais detalhadamente à p. 69, *verbis*: "As multas podem ser de dois tipos: meramente administrativas e penais. As primeiras não pressupõe precisamente a vontade delituosa e têm exclusivamente caráter disciplinário. As segundas requerem dolo ou culpa grave e perseguem propósitos disciplinares e de indenização em determinada medida porque teoricamente compensam as evasões ilícitas reintegrando o patrimônio fiscal o dinheiro deixado de perceber normal e legalmente."

mesmo sentido, Hector Villegas, igualmente utilizando-se de dicotomia, denomina-as sanções indenizatórias e repressivas. Ambas têm por finalidade "reparar o dano causado". Aquelas, "têm por conteúdo o princípio do restabelecimento ou equivalência na ordem externa; estas o mesmo que as indenizatórias mais um *plus*. A forma mais representativa de sanção, que se ajusta "ao caráter e à finalidade da lei repressiva fiscal", é a multa. "A multa fiscal, em sendo retributiva, assume o caráter de pena, enquanto sua finalidade não se resume a simplesmente ressarcir o Fisco, senão a castigar o infrator".[299]

Arrematando este tópico, podemos dizer que o Poder Judiciário tem acolhido o pagamento do tributo antes da denúncia, como causa de extinção da punibilidade, sempre que o direito positivo prestigiar tal procedimento.[300] Por outro lado, caso o pagamento não tenha

---

[299] Hector Villegas, in *Direito Penal Tributário*, pp. 319, 329-330.

[300] "Sonegação Fiscal. A Lei 8.137/90, art. 14, considerava extinta a punibilidade dos crimes pelos quais os impetrantes foram denunciados, se o agente promovesse o pagamento do tributo ou da contribuição social, antes do recebimento da denúncia. Ora, se os pacientes assinaram contrato de parcelamento dos débitos respeitando aquele requisito, compreende-se que, para efeito penal, promoveram o pagamento, inexistindo justa causa para a ação"(STJ, HC, Relator Ministro Jesus Costa Lima, Revista dos Tribunais, Vol. 708, pp. 376-380). "Sonegação Fiscal . Pagamento do Tributo. Infração cometida ao tempo de vigência da Lei 8.137/90. Cometida a infração ao tempo da vigência da Lei 8.137/90, por ela devem ser regulados os efeitos. O art. 14 da referida lei previa que o pagamento dos impostos sonegados exclui a responsabilidade penal, extinta a punibilidade dos crimes definidos nos arts. 1 a 3, quando houver o pagamento dos tributos, antes do recebimento da denúncia. Pagos os tributos, antes do recebimento de uma só vez ou parceladamente, conforme reconheceu o E. Supremo Tribunal Federal, está excluída a responsabilidade penal do acusado, e, portanto, extinta a sua punibilidade não havendo motivo para a continuação da ação penal, eis que o pagamento ocorreu antes do recebimento da denúncia"(TRF-3ª Região, HC 94.03.088474-6, Relator Juiz Federal Roberto Haddad, DJU de 08.03.1995, 2ª Seção, p. 11.811). "Penal. Apropriação indébita. Contribuição Previdenciária descontada do salário e não recolhida. Confissão de dívida e parcelamento. Extinção da punibilidade. Art. 14 da Lei nº 8.137/90. 1) O acordo de confissão de dívida, estabelecendo cláusulas de consolidação, prazos, encargos, multas e honorários, de conteúdo diverso da obrigação estabelecida na lei, implica novação, e, portanto, extinção da dívida antiga e o surgimento de

ocorrido, é certo que o Fisco perseguirá seu crédito, ainda que o agente do ato delituoso tenha lançado mão da transferência de seus bens como forma de evadir-se da pretensão estatal (pela responsabilidade pessoal, de terceiros, pela sub-rogação do adquirente do bem imóvel, art. 130 do CTN, pela presunção de fraude na alienação ou oneração de bens, nos termos do art. 185 do CTN; etc).[301]

3.2.5. Coisa julgada inconstitucional?

Neste momento, abordaremos o tema das decisões judiciais que foram cobertas pela *auctoritas rei iudicate*, e, posteriormente, demandas semelhantes (com outras partes) que recebem tratamento diverso em declaração de inconstitucionalidade, proferida pelo Colendo Supremo Tribunal Federal (*incidenter tantum*, ou em ação direta). Pode-se acrescentar, ainda, superveniência de edição de resolução do Senado Federal, por força do art. 52, inciso X, da CF, a qual irá "suspender a execução" da lei declarada inconstitucional.

A hipótese levantada faz parte de passado recente do Brasil. Basta lembrar os casos que se tornaram de domínio público e de ampla repercussão. Das mencionadas no presente trabalho e de uma maneira geral, temos a questão relativa ao PIS, Finsocial e contribuição exigida pelo INSS quando do pagamento a autônomos, avulsos e diretores.

---

outra nova. 2) Por extinguir a dívida original, a novação opera direito jurídico idêntico ao pagamento, o que impõe se reconheça, em conseqüência, o efeito de extinguir a punibilidade, caso celebrado acordo antes do recebimento da denúncia"(TRF-4ª Região, Relator Juiz Federal Teori Albino Zavascki, DJU 15.01.1992).

[301] Pontes de Miranda, in *Tratado de Direito Privado*, Tomo XXVI, p. 196. "Passa-se o mesmo quanto a crimes contra a Fazenda Pública .... A pretensão e a ação de repetição por enriquecimento injustificado alcançam o terceiro adquirente, ...".

O contribuinte, tendo demandado o Fisco e, por alguma razão (perda de prazo, desistência de recorrer aos tribunais superiores, etc.), teve decisão trânsita em julgada contrária a seus interesses, estará "liberado" de se submeter à mesma, por superveniência, e.g. de resolução do Senado "suspendendo a execução" da norma declarada inconstitucional por decisão do STF? Ou, questionando-se de outra maneira, é possível considerar-se a coisa julgada, neste caso, inconstitucional?

Em trabalho de fôlego, Paulo Otero[302] desenvolve uma profunda análise deste tema. A começar pelo ponto de vista histórico, o professor lusitano recorda o Direito português de antanho que, desde as Ordenações Afonsinas, dicotomizava a sentença ilegal em: contra "direito expresso" (violadora de direito objetivo) ou contra "direito da parte" (violadora de direito subjetivo das partes litigantes). A primeira, afirma, "seria sempre 'nenhuma e sem algum efeito', nunca podendo transitar em julgado"; a última, "a sentença 'é chamada, por direito, alguma' (...) se não existisse apelo da decisão no prazo legal, a mesma ficaria firme (...) se formava o julgado". Todavia, tal não ocorre atualmente, quando sempre será válida a sentença, ainda que "manifestamente ilegal".

Quanto à coisa julgada inconstitucional, propriamente dita, Otero[303] apresenta a tipologia do problema, elencando em três as principais modalidades: (a) "Decisão judicial directa e imediatamente inconstitucional"; (b) "Decisão judicial aplicadora de norma inconstitucional"; e (c) "Decisão judicial desaplicadora de norma constitucional".

Despropositado inventariar doutrina sobre um tema não-central, apenas apontamos Kelsen, lembrado por Otero, para quem "o caso julgado permite ao tribunal de última instância a criação de uma norma indivi-

---

[302] Paulo Otero, in Ensaio Sobre o Caso Julgado Inconstitucional, pp. 53-55.

[303] Paulo Otero, idem, pp. 65, 69, e 72.

dual não conforme com a norma geral". E Canotilho, quando diz que, "não há possibilidade de requerer a declaração de inconstitucionalidade das próprias sentenças nem o próprio Tribunal Constitucional pode eliminá-las como pode o legislador fazer em relação às leis que edita".[304] Perscrutando a lógica intra-sistêmica da ordem jurídica, de imediato entendemos não ser crível que, decisão judicial alcançada pela *auctoritas rei iudicate*, venha a ser modificada por declaração de inconstitucionalidade superveniente (do STF) somada à edição de resolução do Senado Federal. Entendemos ainda que sequer poderemos comparar tal fato com a chamada norma constitucional inconstitucional, porquanto esta seria contra o sistema (conforme Otto Bachof,[305] *e.g.* "uma lei - no Brasil, emenda constitucional, art. 60 da CF - de alteração da Constituição (...) pode infringir, formal ou materialmente, disposições da Constituição formal"), enquanto aquela o pressupõe. O instituto da coisa julgada está previsto na Constituição - art. 5º, inc. XXXVI. Se o texto constitucional pressupõe a coisa julgada como um instituto jurídico, não há falar em coisa julgada inconstitucional, porquanto uma mera adjetivação não terá o condão de torná-la imprópria à convivência jurídica.

[304] Paulo Otero, idem, p. 82. J.J. Gomes Canotilho, *in Direito Constitucional*, p. 1.070. Em que pese, no tópico transcrito, o Constitucionalista lusitano realizar uma comparação entre lei e sentença, acreditamos leitura possível a confrontação por nós realizada. E, isto porque o próprio Canotilho, ainda, diz: "Pode também entender-se que os limites à retroactividade se encontram na *definitiva consolidação* de situações, actos, relações negócios a que se referia a norma declarada inconstitucional. Se as questões de facto ou de direito regulados pela norma julgada inconstitucional se encontram definitivamente encerradas porque sobre elas incidiu caso julgado judicial, porque se perdeu um direito por prescrição ou caducidade, porque o acto se tornou inimpugnável, porque a relação se extinguiu com o cumprimento da obrigação, então a dedução de inconstitucionalidade, com a consequente nulidade *ipso jure*, não perturba, através da sua eficácia retroactiva, esta vasta gama de situações ou relações consolidadas", p. 1.073.

[305] Otto Bachof, *in Normas Constitucionais Inconstitucionais?*, p. 52.

A decisão de inconstitucionalidade superveniente ao caso julgado como constitucional, neste não interfere.

Essa decisão pela constitucionalidade pode ocorrer por entendimento anterior do tribunal de última instância, que, posteriormente, revendo sua postura, modifica-a, ou porque a parte não manejou recurso às instâncias superiores. Caso a ação rescisória não seja cabível, por transcurso do prazo decadencial ou por ausência de um dos fundamentos (arts. 495 e 485, ambos do CPC), a convivência entre o caso julgado tido por inconstitucional não sofrerá interferência de declaração de inconstitucionalidade do STF, tampouco de resolução do Senado Federal que suspenda a execução da norma impugnada.

Podemos ver esse aspecto como uma preservação da separação e autonomia dos poderes,[306] mas sobretudo deve ser considerada intocável a coisa julgada por garantia constitucional.

Como diz Hans Kelsen,[307] "... se o processo em que uma decisão judicial pode ser atacada tem um termo, se há um tribunal de última instância cuja decisão já não pode ser atacada, se existe uma decisão com força de caso julgado, então a 'juridicidade' (legalidade) desta decisão já não mais pode ser posta em questão".

E, mais, Kelsen preocupa-se em demonstrar o significado da *auctoritas rei iudicate* ser conferida pelo ordenamento jurídico "à decisão de última instância" a par de norma geral em sentido contrário. Norma geral que outorga poderes ao tribunal de decidir com liberdade de escolha do conteúdo decisório, como norma geral que "predetermina o conteúdo da decisão judicial". Em perigo que uma síntese pode representar, poderíamos dizer que há norma geral que determina '"vá para o norte", e norma geral que outorga autonomia e independência ao Poder Judiciário, que em determinado momento históri-

---
[306] João de Castro Mendes, *apud* Paulo Otero, *op. cit.*, p. 57.

[307] Hans Kelsen, *in Teoria Pura do Direito*, p. 365.

co, interpretando o Direito Positivo, entenda que o norte é para o sul (isto é "vá para o sul"). Tal decisão coberta pela coisa julgada e descartada a hipótese de rescisória viverá em harmonia no ordenamento jurídico.

Ainda é Kelsen quem diz, "sim, existe, aqui, a diferença de que se valem normas jurídicas gerais, cujo sentido é o de que elas devem ser aplicadas pelos tribunais, na maioria dos casos, os tribunais aplicam efetivamente essas normas jurídicas, e que decisões judiciais, que não correspondem a essas normas, só excepcionalmente entram em vigor". Acrescente-se, por força da coisa julgada. Tal é o seguinte exemplo: "... pode resultar em coisa julgada a decisão de um tribunal, o qual constatou que um certo indivíduo cometeu um furto, e absolve este indivíduo, i.e., ordena que ele não seja posto na cadeia, se bem que valha uma norma geral que, *sem exceção*, prescreve a imposição, pelo tribunal competente, de uma pena carcerária para o caso de furto" (Os grifos estão no original).[308]

Neste exemplo, a decisão do tribunal, a par da norma geral (e interpretando-a), "ordena que ele não seja posto na cadeia" tendo em vista as peculiaridades do caso concreto. Não obstante a vigência e eficácia da norma geral, e eventual contrariedade do Ministério Público, após a decisão final esta selará o destino do réu. Pouco importando se em processo semelhante (mas outro) o resultado diferir.

Este é o caso que ora abordamos. Isto é, o destino de determinada demanda não só não interfere em outra, como esta ficará indene às novas elucubrações e posições que venham os tribunais a tomar em sentido contrário. Igual sorte terá eventual resolução senatorial expedida posteriormente. Ou seja, nem decisão de sinal contrário pelo Egrégio Supremo Tribunal Federal, nem

---
[308] Hans Kelsen, *in Teoria Geral das Normas Jurídicas*, pp. 319 e 318, respectivamente.

resolução do Senado Federal terão aptidão de arredar o caso julgado anteriormente.

Na tipologia proposta por Paulo Otero, "decisão judicial directa e imediatamente inconstitucional", não é possível enquadrá-la à luz de nosso ordenamento positivo, salvo do ponto de vista da doutrina cuja linguagem descritiva carece do comando próprio das decisões judiciais. Ao passo que, pelo enfoque interno ou de fora para dentro, a sentença deverá estar logicamente concatenada, sob pena de não ser um provimento judicial, mas uma teratologia jurídica recorrível. Nenhum órgão jurisdicional sentenciará baseado nas razões contrárias ao seu convencimento. O magistrado sempre terá o espírito predisposto a decidir conforme a Constituição, quer direta ou reflexamente. Se porventura este não for o entendimento sufragado na instância extraordinária, este é um problema de opção interpretativa.

As demais hipóteses ("decisão judicial aplicadora de norma inconstitucional" e "decisão judicial desaplicadora de norma constitucional") elencadas por Otero são variáveis em torno do mesmo problema.

O decisor prima pela constitucionalidade de seus atos e suas prolações. Não concebemos como uma decisão poderá ser deliberadamente inconstitucional. Ocorrerá, e ocorre com freqüência, o conflito de teses, em que a parte inconformada para fazer valer o seu entendimento afirma e desenvolve um arrazoado procurando demonstrar que a decisão desfavorável fere a Constituição Federal.

Sob este ângulo, não será diferente, vale a decisão final. Somente no plano filosófico poderemos inferir se determinada decisão é justa ou injusta. Mas isso não é o mesmo que ser ou não constitucional. Em caso específico, poderemos dizer que determinada decisão (segundo interpretarmos) é inconstitucional além de ser injusta.

Conclusões

Nosso trabalho objetivou revelar alguns aspectos da coisa julgada em matéria tributária, sobretudo quanto aos limites objetivos deste instituto. Antes, porém, sentimos necessidade de recordar algumas categorias de direito material ligadas ao nascimento, estrutura e exigibilidade da obrigação tributária.

Valemo-nos da linguagem do direito positivo que, como diz Paulo de Barros Carvalho, é prescritiva (válida ou não-válida), e da linguagem da Ciência do Direito que, sendo linguagem científica ou metalinguagem, é descritiva. Neste plano, não existindo certo ou errado, tivemos a pretensão de apresentar uma interpretação não muito estreita do caso julgado que impeça o alcance de casos idênticos, nem muito larga que atinja qualquer hipótese.[309]

A análise principia pela ocorrência de todos os elementos integrantes do suporte fáctico necessário à passagem do mesmo ao *status* de fato jurídico. Prossegue-se, recordando o aspecto eficacial da incidência da norma sobre o fato que, irradiou a relação jurídica, direito subjetivo, dever, pretensão, obrigação, exceção, etc.

Este protótipo, aos olhos do Fisco, representa uma obrigação tributária que deverá ser satisfeita pelo contribuinte. Ocorre que este, por suas razões, demanda contra aquele, deduzindo em juízo sua pretensão.

---
[309] Paulo de Barros Carvalho, *op. cit.*, p. 3.

A decisão final, coberta pela autoridade de coisa julgada, será favorável ou desfavorável. Se favorável, possibilitará que o contribuinte deixe de pagar ao Fisco o tributo tratado na demanda e fixado no dispositivo da sentença (*decisum*, em que recai a coisa julgada).

Neste caso, poderíamos multiplicar as hipóteses ao infinito. Suponhamos que a procedência da demanda é devida pelo fato de a norma infraconstitucional estar veiculada em lei ordinária, e não em lei complementar, como exigido na Constituição Federal.

A inconstitucionalidade revelada encobre a eficácia da norma em questão, *ipso facto* (sentença favorável), o pagamento indevido será repetido, o crédito tributário será desconstituído, o mandado determinando a abstenção do ato será expedido.

Como no exemplo citado, a demanda tratou do ICMS, cujo fato jurígeno se baseia em elemento negocial singular e suficiente *per se*. A força, predominantemente declaratória, da sentença trânsita em julgado alcançará todos os fatos que se identificarem com aquele, tratado na inicial e acolhido pelo magistrado.

Doravante, a decisão será respeitada na proporção em que determinados elementos permanecerem os mesmos. Isto é, a mesma norma jurídica, as mesmas partes, os mesmos fatos jurígenos.

Em face da existência da cláusula *rebus sic standibus*, ínsita nas sentenças, permanecendo o mesmo estado de fato, inalterável a aplicabilidade do resultado jurisdicional nos exatos limites da decisão que transitou em julgado.

O raciocínio é válido como princípio geral. As questões acerca da natureza do tributo, ou melhor, da denominação do fato gerador são secundárias, porquanto se adota a linha de raciocínio em que o fato jurídico "ocorre ou não ocorre", mesmo quanto aos tributos cujo lançamento acontece por períodos certos de tempo ou exercício financeiro.

A obrigação tributária, em sua dimensão temporal, cristaliza determinadas variáveis, tal como a pretensão que, se não exercida, terá sua eficácia encoberta pela prescrição, enquanto a dimensão temporal cristaliza a obrigação tributária. Assim, também ocorrerá com as demais hipóteses que se realizarem à luz dessas mesmas condições, ou seja, permanecendo os mesmos elementos do episódio anterior (norma, fato e partes), será integralmente aplicável o julgado.

Irrelevante, neste momento, se o tributo é lançado desta ou daquela maneira, ou mesmo se o fato dito gerador possui qualificação específica por parte da doutrina. Estamos vinculados ao pensamento de Paulo de Barros Carvalho para quem "não existem hipóteses tributárias simples ou complexas, predicadas inerentes aos eventos do mundo físico exterior".[310] Do mesmo autor, colhemos que todos os fatos são instantâneos, quando ele afirma "... falar-se em fatos que não sejam instantâneos é, sob qualquer color, inadequado e incongruente, visto que todo o evento, seja físico, químico, sociológico, histórico, político, econômico, jurídico ou biológico, acontece em certas condições de espaço e de tempo (instante)", esses ocorrem ou não ocorrem.[311]

Há norma e fato, cujos elementos se harmonizam ocasionando a superposição daquele em relação a este, gerando a relação jurídica e demais decorrências. A decisão judicial que transitar em julgado terá enquadrado a norma, o fato e as partes, em dimensão tal que, enquanto não modificados esses elementos, os mesmos continuarão cobertos por aquela autoridade.

Neste sentido é que afirmamos ser irrelevante a denominação do fato ou do lançamento cunhada pela práxis. Tampouco a ocorrência, se mensal, anual, ou

---

[310] Paulo de Barros Carvalho *op. cit.*, p. 164.

[311] Paulo de Barros Carvalho, idem, p. 179. Prossegue o autor que é "... impróprio e descabido de tomar como *fato gerador do imposto* o critério temporal de sua hipótese de incidência", p. 173 (O grifo está no original).

outra, haverá de influenciar pura e simplesmente o alcance da res iudicata.

Interessam os elementos tratados no momento da sentença. Se permanecer o mesmo conjunto daqueles do decisum, nada haverá de se modificar. A eventual ocorrência de novo ou novos fatos sob as mesmas condições será reprodução daquele que fora objeto do julgado e, deste modo, estará sujeita à força do julgado.

Queremos dizer, mais especificamente, que mesmo nas situações em que o tributo esteja vinculado a determinado exercício financeiro, mantendo-se o conjunto de elementos, será imperativa a res iudicata. Igualmente, se desfavorável a sentença, quando serão convalidados os atos praticados pelo Fisco, quer do ponto de vista da constitucionalidade, quer quanto à legalidade.

Não temos como possível ignorar a identidade de fato, norma e partes. Se a sentença favoreceu ou prejudicou o contribuinte, a imperatividade do julgado se fará enquanto subsistir esta conjunção trinária. Não há, na seara tributária, coisa julgada secundum eventum litis, mas pro et contra, de acordo com a teoria clássica da coisa julgada.

Tal entendimento não encontra acolhimento pacífico na doutrina e jurisprudência. Todavia, pensamos que através desse meio alcançaremos uma padronização das repetições empíricas. Ademais, convém enfatizar, a falta de sintonia mínima (entre norma, fato e partes) demonstrará que se trata de caso novo, não alcançado, assim, pela antiga res iudicata. Daí por que, se o petitum está delimitado pelo desejo da repetição do indébito, e a sentença é de procedência, nada obstará ao Fisco demandar o contribuinte (execução fiscal), referente a outro exercício (tributos lançados por períodos certo de tempo), isto é, outro fato, e sair vencedor, salvo se, cumulativamente, houver ação declaratória (incidental ou principaliter) em que se obteve declaração de inexistência de relação jurídica entre Fisco e contribuinte.

Conforme foi examinada, a ação declaratória incidental, nos termos dos artigos 5º e 325, ambos do CPC, possibilita um questionamento acerca do "ser" em si. Sua propositura acarretará o impedimento de rediscussão da matéria, pela força da coisa julgada que recai sobre a questão prejudicial (agora principal). Outro tanto, observamos a eficácia preclusiva da coisa julgada que, como um imperativo, determina a produção de todas as provas e alegação de todos os fatos e questões de relevância ao deslinde da demanda, sob pena de a parte não o fazendo, não lhe ser dada outra oportunidade.

Igualmente, quanto aos tributos pagos em face de relação jurídica continuativa, quando houver mudança no estado de fato ou de direito (a repetição de indébito alcançando fatos pretéritos tocará os casos presentes e vindouros se houver cumulação de ação; neste caso, além da restituição haverá o pedido de declaração), a data imediatamente anterior à modificação haverá de ser considerada termo *ad quem* da pretensão declaratória, doravante começando uma nova história.

Na sentença da *condictio indebiti*, em qualquer hipótese (tributos lançados por períodos certo de tempo ou não, relação jurídica continuativa ou não), reporta-se ao passado, onde relações lá ocorridas, em caso de procedência da demanda, são tidas como inconstitucionais, por exemplo.

Posto o problema dos limites objetivos, é mister recapitular o posicionamento sobre a questão dos processos que não alcançaram a instância extraordinária, tiveram decisões desfavoráveis (que transitaram em julgado), e após, matéria idêntica em *leading case* ao chegar na Suprema Corte, esta veio a considerar inconstitucional a pretensão fiscal.

O remédio utilizado tem sido a ação rescisória, baseada no art. 485 do CPC, que diz: "A sentença de mérito, transitada em julgado, pode ser rescindida quando do: (...) V - violar literal disposição de lei". Ocorre que alguns entendem não ser possível alcançar este objetivo por força da Súmula 343 do Egrégio Supremo Tribunal Federal.[312] No bojo da Súmula apontada, encontramos a vedação da via rescisória quando a "decisão rescindenda se tiver baseado em texto legal de interpretação controvertida nos tribunais". Porém, esse entendimento não é o predominante, nem mesmo representa a posição da Suprema Corte. Segundo este Egrégio Tribunal, a Súmula 343 tem aplicação quando se trata de texto legal de interpretação controvertida nos Tribunais, não, porém, de texto constitucional"(RTJ 108/1.369). Logo, em matéria constitucional é perfeitamente invocável o art. 485, inc. V, do CPC.

Agregando a essa solução, apontamos outra que não a de caráter formal. Na opinião de Juarez Freitas, "toda norma injusta, por contrariar os princípios de justiça, esculpidos no topo do ordenamento jurídico, é, substancial e manifestamente, inconstitucional".[313] Sendo a sentença a lei do caso concreto, apesar da expressão censurada, não vemos como ensejar uma reação do sistema diante de decisão que não se harmonize com o entendimento fixado pela Egrégia Corte, enquanto se presuma aquela decisão como injusta e esta como justa, pois, poderia ocorrer de ser justa aquela que não chegou até a mais alta Corte. Entretanto, não é esta a regra, porque temos naquela elevada instância a guardiã da Carta Magna.

A Constituição, contendo os valores mais altos positivados no Estado, terá dentre eles o da Justiça. Porém, este entendimento no elevado nível da Filosofia do Direito encontraria certa resistência por parte dos precedentes definidores que "a injustiça da sentença (...)

---

[312] Súmula 343 do STF: "Não cabe ação rescisória por ofensa à literal disposição de lei, quando a decisão rescindenda se tiver baseado em texto legal de interpretação controvertida nos tribunais".

[313] Juarez Freitas, in A Substancial Inconstitucionalidade da Lei Injusta, p. 107.

não autorizam o exercício da ação rescisória".[314] Para aderirmos à tese da "inconstitucionalidade substancial da lei injusta", ao menos através do enfoque do presente trabalho, seria mister considerarmos inconstitucionais os próprios precedentes que vedam o exercício da ação rescisória quando se tratar de "sentença injusta".

Destarte, no exame dos elementos da relação tributária, faz-se imperioso, por derradeiro, ressaltar que esta área precisa ser profundamente repensada, notadamente no que pertine à coisa julgada, sendo indispensável fazê-lo inclusive ao se cogitar de uma reforma tributária merecedora do nome. As alterações deverão ocorrer no plano doutrinário e, simultaneamente, *de lege ferenda*. Parece indispensável arrematar que tais mudanças, sobre serem úteis, são urgentes e improteláveis.

---

[314] RTJ 125/928, RT 541/236, 623/68, 707/139, 711/142, 714/177, RJTJESP 107/366, 115/214 apud Theotonio Negrão, in *Código de Processo Civil e legislação processual em vigor*, p. 364.

não autorizam o exercício da ação rescisória."⁹⁴ Para aderirmos à tese da "inconstitucionalidade substancial da lei injusta", ao menos através do enfoque do presente trabalho, teria mister considerarmos inconstitucionais os próprios precedentes que vedam o exercício da ação rescisória quando se tratar de "sentença injusta".

Destarte, no exame dos elementos da relação tributária, faz-se imperioso, por derradeiro, ressaltar que esta área precisa ser profundamente repensada, notadamente no que pertine à coisa julgada, sendo indispensável fazê-lo inclusive ao cogitar de uma reforma tributária merecedora do nome. As alterações deverão ocorrer no plano doutrinário e, simultaneamente, de lege ferenda. Parece indispensável arrematar que tais mudanças, sobre serem úteis, são urgentes e imprescindíveis.

Referências Bibliográficas

ABBAGNANO, Nicola. *Diccionario de Filosofia*. Mexico: Fondo de Cultura Económica, 1992.

ALEMANHA. *Código Tributário Alemão* (Abgabenordnung, AO-1977) de 16.03.1976, com alterações da Lei das Adoções, de 02.07.1976, e retificação de 21.01.1977. Rio-São Paulo: co-edição: Forense e Instituto Brasileiro de Direito Tributário, 1978.

ALLORIO, Enrico. *Diritto Processuale Tributario*. 4ª ed., Torino: Editrice Torinese, 1962.

ALVES, Moreira. *Ação Declaratória de Constitucionalidade* (Questão de Ordem) Nº 1-1-DF. Tribunal Pleno (DJ, 16.06.1995). LEX-214, pp. 24-75.

ALVIM, Thereza. *Questões Prévias e os Limites Objetivos da Coisa Julgada*. São Paulo: RT, 1977.

AQUINO, Tomas de. *Suma Teologica. Tratado de La Justicia*. Tomo VIII, Madrid: Biblioteca de Autores Cristianos, MCMLVI.

ASSIS, Araken de. *Cumulação de Ações*. São Paulo: RT, 1989.

——. *Eficácia Civil da Sentença Penal*. São Paulo: RT, 1993.

——. *Manual do Processo de Execução*. Vol. II, Porto Alegre: Lejur, 1987.

AZAMBUJA, Carmem Luiza Dias de. *Rumo a Uma Nova Coisa Julgada*. Porto Alegre: Livraria do Advogado, 1994.

BACHOF, Otto. *Normas Constitucionais Inconstitucionais?* Coimbra: Almedina, 1994.

BAPTISTA DA SILVA, Ovídio Araújo. *Curso de Processo Civil*. Vol. I, Porto Alegre: Sérgio Antonio Fabris Editor, 1987.

——. *Curso de Processo Civil*. Vol. II, Porto Alegre: Sérgio Antonio Fabris Editor, 1990.

——. *Curso de Processo Civil*. Vol. III, Porto Alegre: Sérgio Antonio Fabris Editor, 1993.

——. *Procedimentos Especiais*. Rio de Janeiro: Aide, 1989.

——. *Sentença e Coisa Julgada*. 2ª ed., rev. e aum., Porto Alegre: Sergio Antonio Fabris Editor, 1988.

BARBI, Celso Agrícola. *Do Mandado de Segurança.* 4ª ed., Rio de Janeiro: Forense, 1984.

BARBOSA MOREIRA, José Carlos. *A Eficácia Preclusiva da Coisa Julgada Material no Sistema do Processo Civil Brasileiro.* in Temas de Direito Processual. 1ª Série, 2ª ed., São Paulo: Saraiva, 1988.

——. *Considerações sobre a Causa de Pedir na Ação Rescisória.* in Temas de Direito Processual, 4ª Série, São Paulo: Saraiva, 1989.

——. *O Novo Processo Civil Brasileiro.* 18ª ed., rev. e atual., Rio de Janeiro: Forense, 1996.

——. *Os Limites Objetivos da Coisa Julgada no Sistema do Novo Código de Processo Civil.* RF 246/30.

——. *Questões Prejudiciais e Coisa Julgada.* Rio de Janeiro: Borsoi, 1967.

BECKER, Alfredo Augusto. *Teoria Geral do Direito Tributário.* 2ª ed., São Paulo: Saraiva, 1972.

BETTI, Emilio. *Interpretazione della Legge e degli Atti Giuridici.* Milano: Giuffrè, 1949.

BRASIL. 28ª Vara Federal. Processo nº 88.0028481-7. Juíza Maria Teresa de Almeida Rosa Cárcomo Lobo. 11.03.1996. Caderno de Direito Tributário e Finanças Públicas, n. 15, pp. 314-316, São Paulo: Revista dos Tribunais, abr./jun. 1996.

CALAMANDREI, Piero. *Instituciones de Derecho Procesal Civil.* Volumen I. Buenos Aires: Ediciones Jurídicas Europa-América,1986.

CAMPOS, Dejalma de. *Direito Processual Tributário.* 3ª ed., São Paulo: Atlas, 1995.

——. (Org.). *Ilícito Tributário.* in Direito Penal Tributário Contemporâneo. São Paulo: Atlas, 1995.

CAMPOS, Ronaldo Cunha. *Limites Objetivos da Coisa Julgada.* 2ª ed., Rio de Janeiro: Aide, 1988.

CANOTILHO, J.J. Gomes. *Direito Constitucional.* 6ª ed., rev., Coimbra: Almedina, 1995.

CAPPELLETTI, Mauro. *Acesso à Justiça*: Colab. Bryant Garth, trad. e rev. Ellen Gracie Northfleet. Porto Alegre: Safe, 1988.

CARNELUTTI, Francesco. *Instituciones del Proceso Civil.* Vol. I, Buenos Aires: Ediciones Jurídicas Europa-América, 1959.

CARRAZA, Roque Antonio. *Curso de Direito Constitucional Tributário.* 3ª ed., rev., amp., atualiza pela Constituição de 1988, São Paulo: RT, 1991.

CARVALHO, Paulo de Barros. *Curso de Direito Tributário: Nos termos da Constituição Federal de 1988.* 4ª ed., atual., São Paulo: Saraiva, 1991.

CENEVIVA, Walter. *Limites Subjetivos da Coisa Julgada.* Revista de Processo nº 21, pp. 49-78.

CHIOVENDA, Giuseppe. *Principios de Derecho Procesal Civil.* Madrid: Instituto Editorial Reus, Tomo II, Vol. 1.

COÊLHO, Sacha Calmon Navarro. *Comentários à Constituição de 1988. Sistema Tributário Nacional.*, 2ª ed. Rio de Janeiro: Forense, 1990.

——. *Da Impossibilidade Jurídica de Ação Rescisória de Decisão Anterior à Declaração de Constitucionalidade pelo Supremo Tribunal Federal no Direito Tributário.* Cadernos de Direito Tributário e Finanças Públicas. São Paulo: RT, nº 15, pp. 197-208.

DANILEVICZ, Ígor. *Limites Objetivos da Coisa Julgada.* Direito & Justiça, Revista da Faculdade de Direito da PUC/RS, v.15. Porto Alegre: Livraria Editora Acadêmica, 1991-1992, 139-169.

FABRÍCIO, Adroaldo Furtado. *A Coisa Julgada nas Ações de Alimentos.* Revista Forense nº 313, Doutrina, pp. 03-15.

FAGUNDES, M. Seabra. *O Controle dos Atos Administrativos pelo Poder Judiciário.* 4ª ed., atual. Rio de Janeiro: Forense, s.d.

FANUCCHI, Fábio. *Curso de Direito Tributário Brasileiro.* Vol. I, 4ª ed., 6ª Tir. São Paulo: Resenha Tributária, 1980.

FERRAZ JR. Tércio Sampaio. *Coisa Julgada em Matéria Fiscal*, Revista de Direito Tributário. São Paulo, nº 43, 73-82, janeiro-março de 1988.

FLORI, Mario Alberto Galeotti. *Il Principio Della Autotutela Tributaria*, Rivista di Diritto Tributario, Milano, n. 12, pp. 657-670, Giuffrè, dicembre 1996.

FREITAS, Juarez. *A Interpretação Sistemática do Direito.* São Paulo: Malheiros, 1995.

——. *A Substancial Inconstitucionalidade da Lei Injusta.* Rio de Janeiro: Vozes, co-ed. EDIPUCRS, 1989.

GIANNINI, Achile Donato. *Istituzioni di Diritto Tributario.* 8ª ed. aggiornata. Milano: Giuffrè, 1960.

GILARDI, Gianfranco *et alii.* *Il nuovo processo tributario.* Il D.lgs. 31 dicembre 1992, n. 546 commentato per articolo. Milano: Giuffrè, 1993.

GRINOVER, Ada Pellegrini. *Ação Rescisória e Divergência de Interpretação em Matéria Constitucional.* Cadernos de Direito Constitucional e Ciência Política. São Paulo: RT, nº 17, pp. 50-60.

GUERRA FILHO, Willis Santiago. *Reflexões a Respeito da Natureza da Coisa Julgada como Problema Filosófico.* Revista de Processo, nº 58, ano 15, abril-junho de 1990, pp. 244-249.

GUIMARÃES, Luiz Machado. *Preclusão, Coisa Julgada, Efeito Preclusivo. in* Estudos de Direito Processual Civil. São Paulo: Editora Jurídica Universitária, 1969.

HAPNER, Carlos Eduardo Manfredini. *Aspectos da Coisa Julgada e do Mandado de Segurança em Matéria Tributária*. pp. 36-59, in Repertório de Jurisprudência e Doutrina sobre Processo Tributário. São Paulo: RT, 1994.

HENSEL, Albert. *Diritto Tributario*. Milano: Giuffrè, 1956.

ITÁLIA. Cassazione. *Reati tributario*. N. 10792. Pres. Tridico. Est. Onorato. sez. III penale, 8 giugno 1994, 20 ottobre 1994. Rivista di Diritto Tributario, Milano, n. 1, Parte Seconda, pp. 3-10, gennaio 1996; e Rivista di Diritto Tributario, n. 4, pp. 405-412, Giuffrè, aprile 1996, "a cura di Ennio Fortuna".

JAPIASSU, Hilton e MARCONDES, Danilo. *Dicionário Básico de Filosofia*. 2ª ed. Rio de Janeiro: Jorge Zahar, 1991.

KELSEN, Hans. *Teoria Geral das Normas*. Porto Alegre, Fabris, 1986.

———. *Teoria Pura do Direito*. 4ª ed. Coimbra: Armênio Amado, 1976.

LACERDA, Galeno. *Despacho Saneador*. 2ª ed. Porto Alegre: Fabris, 1985.

LALANDE, André.*Vocabulário Técnico e Crítico da Filosofia*. São Paulo: Martins Fontes, 1993.

LIEBMAN, Enrico Tullio. *Eficácia e Autoridade da Sentença e Outros Escritos sobre a Coisa Julgada*. 3ª ed. Rio de Janeiro: Forense, 1984.

LUQUI, Juan Carlos. *La Obligación Tributaria*. Buenos Aires: Depalma, 1989.

MACHADO, Hugo de Brito. *Coisa Julgada em Matéria Tributária*, Revista de Direito Tributário. São Paulo, nº 53, pp. 99-111, julho-setembro de 1990.

———. *Efeito Normativo da Sentença No Mandado de Segurança*. São Paulo, Repertório IOB de Jurisprudência, 1ª quinzena de maio de 1988, nº 9/88, pp. 131-133.

———. *Mandado de Segurança em Matéria Tributária*. São Paulo, RT, 1994.

MARQUES José Frederico. *Manual de Processo Civil*. Vol .I. São Paulo: Saraiva, 1974.

MEIRELLES, Hely Lopes. *Mandado de Segurança, Ação Popular, Ação Civil Pública, Mandado de Injunção, Habeas-Data*. 13ª ed., atual. São Paulo: RT, 1989.

MELLO, Marcos Bernardes de. *Teoria do Fato Jurídico (Plano da Existência)*, 7ª ed., atual. São Paulo: Saraiva, 1995.

MENDES, João de Castro. *Limites Objectivos do Caso Julgado em Processo Civil*. Lisboa: Ática, 1968.

MENESTRINA, Francesco. *La Pregiudiciale Nel Processo Civile*. Milano: Giuffrè, 1963.

MERSÁN. Carlos A. *Direito Tributário*. 2ª ed. São Paulo: RT, 1988.

MICHELE, Gian Antonio. *Corso di Diritto Tributario*. 8ª ed. Torino: Utet, 1994.

MORAES, Bernardo Ribeiro. *Compêndio de Direito Tributário*. 2º Vol., 2ª ed., rev., aum., atual. Rio de Janeiro: Forense, 1994.

MORSCHBACHER, José. *Repetição do Indébito Tributário Indireto*. São Paulo: RT, 1984.

NEGRÃO, Theotonio. *Código de Processo Civil e legislação processual em vigor*. 25ª ed., atual. até 10.01.1994. São Paulo: Saraiva, 1994.

——. *idem*, 1997.

NEVES, Celso. *Coisa Julgada no Direito Tributário*. Revista de Direito Público, Cadernos de Direito Tributário, nº 29, pp. 237-244.

NOGUEIRA, José Geraldo Ataliba. *Hipótese de Incidência Tributária*. São Paulo: RT, 1983.

NOGUEIRA, Ruy Barbosa. *Coisa Julgada e Orientação Fiscal*. Consultas e Pareceres (Cível), RT nº 594, abril de 1985, pp. 26-36.

——. *Da Interpretação e da Aplicação das Leis Tributárias*. 2ª ed., rev. aum. São Paulo: José Bushatsky, 1974.

OTERO, Paulo Manuel Cunha da Costa. *Ensaio Sobre o Caso Julgado Inconstitucional*. Lisboa: Lex, 1993.

PARGENDLER, Ari. *O Mandado de Segurança em Matéria Tributária*. Palestra proferida na Faculdade de Direito da UFRGS, Simpósio de Processo Tributário Administrativo e Judicial, em 20.10.1994.

PENHA, João da. *Wittgenstein*. São Paulo: Ática, 1995.

PERELMAN, Chaïm. *Ética e Direito*. Trad. Maria Ermantina Galvão G. Pereira. São Paulo: Martins Fontes, 1996.

PONTES DE MIRANDA, Francisco Cavalcanti. *Comentários ao Código de Processo Civil*, Tomo I (Arts. 1º - 45). Rio de Janeiro: Forense, 1974.

——. *Comentários ao Código de Processo Civil*, Tomo VI (Arts. 476-495). Rio de Janeiro: Forense, 1975.

——. *O Problema Fundamental do Conhecimento*. 2ª ed. Rio de Janeiro: Borsoi, 1972.

——. *Tratado da Ação Rescisória, Das Sentenças e de Outras Decisões*, 5ª ed. Rio de Janeiro: Forense, 1976.

——. *Tratado das Ações*. Tomo I. São Paulo: RT, 1970.

——. *Tratado das Ações*. Tomo VI. São Paulo: RT, 1976.

——. *Tratado de Direito Privado*. Tomo I, 4ª ed., 2ª tir. São Paulo: RT, 1983.

——. *Tratado de Direito Privado*. Tomo II, 4ª ed., 2ª tir. São Paulo: RT, 1983.

——. *Tratado de Direito Privado*. Tomo III, 4ª ed. São Paulo: RT, 1983.

——. *Tratado de Direito Privado*. Tomo V, 4ª ed. São Paulo: RT, 1983.

——. *Tratado de Direito Privado*. Tomo XXII. Rio de Janeiro: Borsoi, 1958.

---. *Tratado de Direito Privado.* Tomo XXVI. Rio de Janeiro: Borsoi, 1959.

PONZI, Ronaldo Luiz. *Curso de Direito Tributário.* Elaborado de acordo com a Constituição de 1988. Porto Alegre: Jurídica, 1989.

PUGLIESE, Giovanni. *Giudicatto Civile.* Enciclopedia del Diritto, Vol. XVIII. Milano: Giuffrè, 1969.

RICASÉNS SICHES, Luis. *Nueva Filosofía de La Interpretación del Derecho.* 3ª ed. México: Editorial Porruá, 1980.

ROMERO, Sylvio. *Ensaios de Philosophia do Direito.* Capital Federal: Cunha & Irmão, 1895.

SAMPAIO DÓRIA, Antonio Roberto. *Direito Constitucional Tributário e "Due Process of Law".* 2ª ed., rev. Rio de Janeiro: Forense, 1986.

SANTOS, Moacyr Amaral dos. *Comentários ao Código de Processo Civil,* Vol. IV. Rio de Janeiro: Forense, 1982.

---. *Primeiras Linhas de Direito Processual Civil*: Adaptadas ao novo Código de Processo Civil., 6ª ed., atual. São Paulo: Saraiva, 1983, Vol. 3.

SCHWAB, Karl Heinz. *El Objeto Litigioso en El Proceso Civil.* Buenos Aires, Ediciones Jurídicas Europa-América, 1968.

TANZI, Angelo. *Note in tema di rapporti tra processo penale e processo tributario.* Rivista di Diritto Tributario. Milano, nº 1, pp. 31-78, Giuffrè, gennaio 1996.

VELLOSO, Carlos. *Ação Declaratória de Constitucionalidade (Questão de Ordem)* Nº 1-1-DF. Tribunal Pleno (DJ, 16.06.1995). LEX-214, pp. 24-75.

VILANOVA, Lourival. *As Estruturas Lógicas e o Sistema do Direito Positivo.* São Paulo: RT, 1977.

VILLEGAS, Hector. *Direito Penal Tributário.* São Paulo: Resenha Tributária e Educ, 1974.

VON TUHR, Andreas. *Tratado de Las Obligaciones.* 1ª ed. Madrid: Editorial Reus, 1934.

WATANABE, Kazuo. *Tutela Antecipatória e Tutela Específica das Obrigações de Fazer e Não Fazer.* Revista de Direito do Consumidor, nº 19, São Paulo: RT, julho/setembro-1996, pp. 77-101.

WITTGENSTEIN, Ludwig. *Tratado Lógico-Filosófico Investigações Filosóficas.* 2ª ed., rev. Lisboa: Fundação Calouste Gulbenkian, 1995.

XAVIER, Alberto Pinheiro. *Conceito e Natureza do Acto Tributário.* Coimbra: Almedina, 1972.